एक काव्य संग्रह

निर्मल सिंह "नीर"

Book Title: Shapit Prem

Author: Mr. Nirmal Singh 'Neer'

Copyright: © 2025, Mr. Nirmal Singh "Neer"

First Edition: 2025

ॐ

"ये पुस्तक समर्पित है मेरे इष्ट देव शिव जी,

मेरे पिता आदरणीय श्री जगन्नाथ सिंह जी,

मेरी माता वंदनीय श्रीमती माधुरी सिंह जी,

एवं

"मेरे बाबा स्व. श्री चन्द्रेज सिंह जी को"

<u>आभार</u>

इस किताब के पूर्ण होने पर सर्वप्रथम मैं ब्रम्हांड को धन्यवाद देता हूँ, जिसकी अपार शक्ति और प्रेरणा से मुझे यह किताब लिखने का साहस हुआ |

मुझे सन 2004 से हिंदी साहित्य पढ़ने में रुचि होने लगी थी – गीत, कविताएँ, ग़ज़लें, कहानियाँ मुझे आकर्षित करती रहीं हैं, किन्तु भावों को दर्शाने हेतु मुझे कविताएँ सबसे ज्यादा सुलभ और आसान माध्यम लगी, जिनमे मैं अपने भावों को पूर्ण रूप और सटीक तरीके से व्यक्त कर सकता हूँ, यही इस क़िताब की खूबसूरती भी है. इस काव्य संग्रह की लेखन यात्रा के दौरान मैं उन सभी लोगों का कृतज्ञ हूँ जिन्होंने मेरा मार्गदर्शन किया अथवा अपरोक्ष रूप से भी लेखन हेतु मुझे प्रोत्साहित किया है |

सबसे पहले मैं अपनी प्यारी बहन, जो मेरे स्कूल के दौरान मेरी वरिष्ठ रही थी – स्व. श्रीमती मनीषा सिंह जी, को नमन करता हूँ | कोविड संक्रमण काल के दौरान उन्होंने हम सभी को हमेशा के लिए अलविदा कह दिया | यह काव्य संग्रह उनकी बहुप्रतीक्षित किताब थी, वह हमेशा मेरी कविताओं को बहुत गौर से सुनती थी और उनकी प्रतिक्रियाएं मुझे लेखनी को और बेहतर बनाने हेतु बहुत उत्साहित करती थी |

मेरे प्रिय मित्र और अग्रज भाई सौरभ अरोड़ा (निवासी–दिल्ली) और गौरव आनंद 'सफीर रे' (लेखक-मदारी"ग़ज़ल संग्रह), जो लखनऊ के स्थायी निवासी हैं, की प्रेरणा और मार्गदर्शन के बिना इस क़िताब का साकार रूप में आ पाना संभव नहीं था, इन्होनें सदैव मेरी कविताओं को एक सच्चे मित्र की तरह सुनकर निष्पक्ष प्रतिक्रियाओं से मेरी रचना को बहुत निखारा है. इस क़िताब के भीतर शापित प्रेम काव्य श्रृंखला इन्हीं की प्रेरणाओं का परिणाम है, जो इस क़िताब के सौन्दर्य को और भी अनुपम बनाती है |

मैं अपने हृदयप्रिये बचपन के मित्र नरेंद्र सिंह का भी आभार व्यक्त करता हूँ, जिन्होंने मेरी रचना को सदैव सराहा और लेखन के प्रति मेरी रुचि को आत्मबल दिया है |

साथ ही, मैं अपने गोंडा जिले और देश के अन्य जिलों के जवाहर नवोदय विद्यालयों के उन सभी अनुजों, मित्रों और अग्रजों का भी बेहद आभारी हूँ जिन्होंने मेरी रचनाओं को -सुना, पढ़ा और प्रोत्साहित किया ताकि मैं अपनी रचनाओं को संकलित कर एक काव्य- संग्रह के रूप में उनके समक्ष प्रस्तुत कर सकूँ |

आप सभी पाठकजनों को अग्रिम धन्यवाद !

आपका,

नीर

<u>कवि की कलम से</u>

"शापित प्रेम" काव्य संग्रह में संकलित कविताएँ और नज़्में मेरे जीवन में मिले अनुभवों और मेरे अहसासों से उपजे विचारों का संकलन है | यह मात्र कोई साधारण कविता या नज़्म नहीं है बल्कि इन रचनाओं के माध्यम से आपको समाज के तमाम अनछुए पहलुओं को पढ़ने में मदद मिलेगी |

इस काव्य संग्रह में स्त्रियों की मानसिक पीड़ा, बदलते समाज का पारिवारिक रिश्तों पर प्रभाव, इस यांत्रिक जीवन में मानवता के स्तर का गिरना, प्रेम के आदर्श स्वरुप, जीवन और मृत्यु के मूल्यों का सार, और इस भागमभाग भरी ज़िन्दगी में हमें अपने विकास के साथ अन्य किन चीज़ों पर ध्यान देना चाहिए – इन सभी विषयों को समेटा गया है | यह काव्य संग्रह अपने आप में एक दर्शन के सार जैसा है. इसे पढ़ते हुए आप आभास करेंगे की आप किसी और दुनिया में प्रविष्ट कर गए हैं जो आपको झकझोर कर सोचने पर मजबूर करती है और एक संकेत देती है की अभी समय है – कुछ मंथन कर लो |

इस संग्रह को पढ़ते हुए आप विभिन्न भावनाओं से होकर गुजरेंगे, किन्तु पढ़ते समय धैर्य की आवश्यकता होगी, जिससे आप रचनाओं की गहराई, उनकी तीक्षणता और उनके वास्तविक आशय तक पहुँच सके |

संग्रह के अंत में 'शापित प्रेम' नामक काल्पनिक श्रृंखला आपको जादुई दुनिया में ले जा सकती है, यह श्रृंखला इस काव्य-संग्रह की अनूठी कृतियों में से एक है, जिसमे प्रेम के आदर्श स्वरुप को दर्शाया गया है और यह बतलाने की कोशिश की गई है की इस भौतिक दुनिया में प्रेम किस प्रकार सामंजस्य बिठा सकता है | प्रेम के अनुपम सौन्दर्य को दर्शाती यह श्रृंखला साहित्य प्रेमियों के लिए किसी खजाने से कम नहीं होगी |

अभिमत

डॉ रघुनाथ पाण्डेय
सलाहकार
पूर्वोत्तर हिन्दी अकादमी
शिलांग,मेघालय, भारत

प्रस्तुत काव्य-संग्रह के सिरजनहार कवि निर्मल सिंह 'नीर' और इनके संवेदन-शबल मन से भलीभाँति परिचित हूं। स्थितियों पर नजर रखने, चीजों पर गौर करने सम्बन्धों पर मनन करते रहने की इनकी आदत को इनके कैशोर्य काल से अवलोकित करता आया हूं। अपने इन्हीं अन्तःगुणों की विकासयात्रा के दौरान कवि निर्मल सिंह'नीर' ने खुद को,समाज को,संसार को देखा है,समझा है,महसूसा है। अपनी इसी महसूसियत को कविता के रूप में ढालकर एक सुघर पुस्तक का रूप दे दिया है। कवि 'नीर' का यह प्रथम काव्योदक है, फिर भी भाव और कथ्य की दृष्टि से ज़रा भी अधकचरा नहीं है। दुनियावी इश्क से लेकर रुहानी इश्क तक अपने विविध रूप में प्रेम ही प्रत्येक रचना का केन्द्रीय भाव है। जरूर कहूँगा कि युवा होते हुए भी कवि 'नीर' ने जिस्मानी प्रेम को अधिक महत्त्व नहीं दिया है। जिन कविताओं में सांसारिक प्रेम प्रकट हुआ है, वहां भी सम्बन्धों की पावनता और सामाजिक मर्यादा बरकरार है। निश्चित रूप से 'नीर' का यह पुस्तकीय प्रयत्न प्रोत्साहनीय है । संग्रह की प्रथम कविता की प्रथम पंक्ति "मैं हूं मरघट का वासी" से ही कवि की काव्यदृष्टि का संकेत मिल जाता है। यहाँ कवि अपने सम्पर्कीजनों को आगाह कर रहा है कि यह जीवन क्षणभंगुर है, यह सृष्टि नश्वर है, फिर गुमान किस बात का! "मेरा जहां पर घर बना है, मैं जहां पर चलता हूं/ जहां पर काम कर रहा हूं.... यहीं दफ़्न सभी के अरमान हैं।" मैंने तमाम चेहरे देखे" कविता में इन्होंने समाज-सापेक्ष अपने अनुभव, अपनी दृष्टि का उन्मीलन बड़ी कुशलता से कर रखा है। इस कविता में पारस्परिकता नये रंग में झलकती हुई उपस्थित हुई है। "मैंने फिर तुम्हीं में तमाम स्वप्न देखे, किरदार देखे/ अलग-अलग भाव देखे/

....मैंने तुम्हारी आंखों में खुद को देखा।" यहाँ आशिक द्वारा माशूका को लिखे गये किसी खत याकि एकतरफा संवाद का आभास हो रहा है, किंतु मुझे तो इस गंभीर चिंतनपरक रचना में आम जिंदगी से संवाद की प्रतीति हो रही है।अपने मूल रुप में जिन्दगी हर किसी के लिए लाजवाब होती है। "मेरी जान वाकई तुम कमाल की हो /सच कहूं तो तुम लाजवाब हो!" 'तुम्हारी तलाश में' एक बेहतरीन कविता है, जिसमें संबंधों की खुशबू है। प्रेयसी की तलाश में भटकने की बात यहां दर्ज है। अब, ये प्रेयसी कौन है, यह एक बड़ा रहस्य हो सकता है! गोपाल दास नीरज की तरह 'कारवां गुजर गया, गुबार देखते रहे' से भी भिन्न स्थिति है। यहाँ तो गुबार भी न देख पाने का मलाल है। सम्भवत: किसी अपने के हृदय से निस्सृत अपनापन बोल रहा है! मालूम होता है कि इन्सानी जिंदगी का मानवीकरण करके संबोधन किया गया हो। मेरा ध्यान निहायत अपनापन की तरफ है, क्योंकि यहां चाहत है, "तुम्हारी चाहत में मैं कहां-कहां भटका!.... फिर तो न वो चाहत, न वो खुशबू, न ही तुम मिली।"

यकीन मानिए, संग्रह का रचनाकार साफगोई में इतना यकीन रखता है कि वह सामने वाले को भी धो डालता है। "तुम बहुत मक्कार हो, यकीं मानो" यूं ही नहीं कह दिया, कथन के पीछे दम है। आजादी, विकास, आधुनिकता, भौतिकता से आवृत्त आदमी में सब कुछ है, मगर एक अदद आदमियत नहीं। रचनाकार सभ्य आदमी की संवेदनशून्यता के नमूने को सड़क-दुर्घटना के दृश्य से उठाता है, कालकवलित पड़ोसी के दरवाजे से उठाता है, किसी बीमार के याची हथेली से उठाता है। वह आज के नवविकसित मानव पर तंज कसने में सकुचाने वाला कलमकार नहीं है। "..... कहते फिरते हो कि भगवान का दिया सब कुछ है /किंतु फूटी कौड़ी न निकली जेब से/ उसके इलाज में मदद के लिए।" सामाजिकता के मामले में दकियानूस हुआ आदमी जब गांव के सहयोगी वातावरण में जाकर बसता है, तब वहां के परिचित लोग भी पहचानने से इनकार कर देते हैं। "...इसलिए नहीं कि तुम नये हो, बल्कि इसलिए कि तुम मक्कार आदमी हो!" "...तुम बहुत मक्कार हो।" कवि बार-बार, हर बार मूर्त में अमूर्त की स्थापना करने का आदी है । जब वह कहता है कि "आओ दोस्तो! समंदर की सतह से मोती ना

निकालें /...... इस बार हम चलेंगे समंदर की सतह से काई बटोरने" तब वह भौतिक रूप से किसी जलधि में विकीर्ण मुक्तामणि की बात नहीं कर रहा होता। वह मानवह्रदय में छाई मलिनता, दुराव और वैमनस्य की काई को निकाल फेंकने का आग्रह कर रहा होता है, ताकि "भाईचारा, एकता, विश्वास, प्रेम, सम्मान, आदर और सद्भावना" कायम रह सके। 'ऐसा क्यूं होता है' कविता में पंक्ति के आखिरी छोर पर खड़े व्यक्ति का जेहन सवालों से भरा है। उसका मन उदासी,निराशा, हताशा से भरे वातावरण से उबरने को यत्नशील है।वह संसार में दुख, करुणा की व्याप्ति से मुक्ति चाहता है, अपने लिए भी, अपनों के लिए भी। अपनी अभिलाषा व्यक्त करते हुए वह बोल उठता है- "मैं भी खिलखिलाना चाहता हूं/ अपने सिर पर बड़ों का हाथ पाना चाहता हूं।"

युवा-मनस्वी कवि छद्म नारीवाद पर करारा प्रहार करने से बाज नहीं आता। समाज के हर स्तर पर मौजूद दोगले आचरण वालों को आईना दिखाते हुए वह तीक्ष्णता से धिक्कार उठता है, चीख पड़ता है, - "मुझे तो घिन आती है तुम पर/ कि तुमसे मात्र तीन से चार बित्ता ऊपर ना उठा गया!" "सुनो! मेरा कमरा कैसा है" कविता में कभी करीब रहे दो व्यक्तियों के बीच यादों के अनेक झरोखे बड़े ही नैकट्य के साथ खोले गए हैं। अपनी बची हुई जिंदगी में तमाम तरह के आघातों से मुक्त होने की दिशा में रचनाकार अभ्यासपूर्वक "मौत को झांसे में ला, अपने डर को दूर करना चाहता है।" कवि-हृदय की कोमल संवेदना एक घरेलू औरत की सहज स्थितियों को शब्दचित्र के माध्यम से नव्यतापूर्वक चित्रित की गई है। उसका कहना है कि जो व्यक्ति प्रेम के पीछे उगी हुई स्त्रीवेदना को ना पढ़ सके, वह अनपढ़ ही है। किसी नितांत अपने से बिंधी हुई यादें मन-चित्त को किस तरह उद्वेलित कर देती है यह 'स्मृतियां' जैसी कविता में साङ्गोपाङ्ग प्रकट हुई है। आसानियों को जिंदगी की दुश्वारी मानते हुए वह कहता है कि "बंजारे की तरह जीने में / मुझे अच्छा लगता है।" नीर की दृष्टि में प्रेम भी एक इबादत है। इबादत में प्रेमभाव निहित रहता है। वह जिस्मानी इश्क की बात ही नहीं करता। उसका इश्क तो चांद की रोशनी में नहा कर अभिभूत हो जाता है। "उस दूधिया रोशनी में छलकेगी तुम्हारी मुस्कान" पंक्ति में एक अनोखा-सा बिम्ब उभर आता है। "मैं मौन

होना चाहता हूं” कहते हुए वह बेलगाम शब्दों को भीतर किसी कोने में रखकर जिह्वा को साधना चाहता है। ‘प्रेम में अंतर्द्वंद्व’ कविता में वह प्रेम की आचारसंहिता तैयार करते दिख रहा है। इसके बाद की कविता में वह प्रेमी से “लौटने के सभी दरवाजे बंद करके पास आने” की गुजारिश करता है। नारी के तन-मन के लिए जी का जंजाल बनी ‘माहवारी’ जैसे अस्पृश्य विषय पर भी कविता रचकर ‘नीर’ ने मानवीय संवेदना के तंतुओं को झंकृत कर दिया है।

“तुम ही बताओ मुझे क्या करना चाहिए” कविता में रिश्तों के स्थापित मायने बदलने का संकेत करते हुए कवि एक स्त्रीपात्र को माध्यम बनाकर सवाल कर रहा है कि नए दौर में सच्चे प्रेम को भी जांचना परखना पड़ रहा है!ऐसी विसंगति के लिए जो जिम्मेदार है, सीधे उसी से कवि समाधान भी पूछता है। ‘स्मृतियां’ जैसी कविता में नितांत अपने से बिंधी हुई यादें मन-चित्त को किस तरह उद्वेलित करती है, यह सांगोपांग रुपायित हुआ है। गँवई परिवेश की नायिका अपने गैरहाजिर प्रेमी की प्रतीक्षा में ताखे से लेकर मंदिर तक क्या-क्या नहीं करती। यह एक जमीनी कवि ही बयां कर सकता है। ‘खत - मेरे देवता’ लिखने वाली प्रेमिका द्वारा “मंदिर में जाकर भगवान जी से रिश्ता तोड़ आई हूं” जैसी धमकी देने के बावजूद मंदिर के पुजारी से आरती की घंटियां उधार मांगकर लाना बड़ी निराली बात है। “मैं नर्क का वासी हूं” कविता में वीभत्स चित्र है, जो कि काव्यशास्त्र में वर्जित है। फिर भी यहां रहस्यमयता द्रष्टव्य है। ‘मेरा दुख क्यों नहीं टिक पाता’ में सवालों की झड़ी लगा दी गयी है। भांति- भांति के शब्दों का मिश्रण करने वाले होठों के बारे में कवि ने सच ही कहा है कि “यह होंठ सिर्फ होंठ नहीं है, इनमें भूख-प्यास, दर्द -अगन, जलन-तड़प, तृप्ति, प्यार, नफरत, श्रृंगार, श्रृंगार, जीत और हार भी है। कवि प्रेम के इतना वशीभूत है कि वह ‘मणिकर्णिका महाश्मशान’ में भी प्रेम के खास स्वरूप का निदर्शन करा देता है।

शताधिक पृष्ठीय इस संग्रह के केन्द्रीय भाव के रूप में स्थापित प्रेम के वैविध्य का आद्योपान्त दर्शन करते हुए गहरे भावसागर मे डुबकी लगाना अतीव आनन्दमय होगा, इसमे कोई दो राय नहीं है। निश्चित रुप से सामान्य पाठकों से

लेकर गुरु अध्येताओं तक के लिए प्रेम के गह्वर मे गोता लगाना कभी खाली नही जाएगा।

विषय - सूची

 कवितायें

मैं हूँ - मरघट का वासी

मेरा जहाँ पर घर बना है, मैं जहाँ पर चलता हूँ,

जहाँ पर काम कर रहा हूँ,

जहाँ बैठा अभी ये कविता लिख रहा हूँ,

यहीं मेरे पैरों तले अनगिनत कब्रें औ शमशान है

यहीं दफ़्र सभी के अरमान है, अरमान उन सभी के

जो कभी विजेता रहा हो या युद्ध में हारा रहा हो,

चाहे कलाकर रहा हो या रहा हो ज्योतिषी,

चाहे विद्वान रहा हो या मूढ़ कोई इन्सान रहा हो ,

चाहे रहा हो दूरदर्शी ,स्वप्नदर्शी या सूक्ष्मदर्शी

सब यहीं ! सब यहीं लेटे हुए हैं , सब यहीं पर सो चुके हैं,

आज जिनका - न नाम मालूम , न कोई पहचान बाकी , न ही कोई

तत्त्व बाकी, वो सभी कण बन चुके हैं , न कोई नामों-निशान बाकी,

ये सब जगह मरघट है और मैं हूँ - मैं हूँ मरघट का वासी

चलो , तुम्हीं बताओ – कहते हो तुम्हारे पास अथाह धन-संपदा हैं

और फिर उसी का दंभ भरते हो, ये भी मान लिया मैंने कि –

तुम बहुत विद्वान हो, तुमको बहुत ज्ञान है, यश तुम्हारा फैला हुआ है,

और डंके तुम्हारे नाम के हैं , तुम जिस तरफ भी जा रहे हो –

लोग तुम्हारे गुण को गा रहे हैं, दूर तक है कीर्ति फैली और

रौशनी में तुम खड़े हो, तुम जिसके सिर पर भी

हाथ रख दो वो सिर झुकाकर बोले – आप बड़े हो,

ये सभी मैं मानता हूँ – कि तुम आज शीर्ष पर खड़े हो ,

किन्तु , ये बताओ - कब तक ? कब तक संभाले रख सकोगे

ये नाम, धन ,पद, प्रतिष्ठा सब खो जानी है,

बस यही जीवन की सच कहानी है

न अहम् में, न द्वेष में, न क्रोध में ,न लोभ में, न ही किसी प्रतिशोध में ,

जाने कितने ऐसे लोभी, दुष्ट, दानव और क्रोधी

सब बन चुके हैं - परलोक वासी

ये सब जगह मरघट है और मैं हूँ - मैं हूँ मरघट का वासी

अपने जीवन को देख रहा हूँ,

कैसे जीना है – वो सीख रहा हूँ,

मैं वासी हूँ और वास कर रहा

मेरा जीवन है राही का इक और

जीवन - मृत्यु कि श्रंखला में

मैं दोनों में भेद कर रहा हूँ -

क्या मिथ्या है - क्या अविनाशी?

ये सब जगह मरघट है और मैं हूँ

" मैं हूँ - मरघट का वासी "

मैंने तमाम चेहरे देखे

मैंने तमाम चेहरे देखे , तमाम रंग देखे, रूप देखे

मैंने तमाम दृश्य देखे , तमाम पल देखे ,ख्वाब देखे

फिर उन सभी में जो बची रह गई हमेशा मेरे पास में

वो थी " तुम " – मैंने फिर तुम्ही में तमाम स्वप्न देखे

किरदार देखे, अलग-अलग भाव देखे ,

इक नज़ाकत देखी , तमाम शरारतें देखी ,

अठखेलियाँ करते हुए देखा मैंने तुम्हे ,

मस्ती में झूमते हुए , गाते हुए भी सुना मैंने तुम्हे ,

फिर एक रोज - जब तुम सोई हुई थी, मेरे हाथ पर

अपने सिर को रखे हुए , मैंने थोड़ी-सी तुम्हारी

ओर करवट बदली और तुम्हारी पलकों को

अपनी उँगलियों से आहिस्ता-आहिस्ता खोला मैंने

मालूम है तुम्हे – फिर मैंने क्या देखा ?

मैंने तुम्हारी आँखों में खुद को देखा

वो भी तुम्हीं को झांकते हुए खुद को देखा

फिर मालूम हुआ – कि तुम्हारी ये सब शरारतें, मस्तियाँ

अठखेलियाँ, बदमाशियाँ सभी बस मेरे होने से हैं

ये तुम्हे सुकून कि नींद जो आई है

वो मेरे हाथ पर सिर को रखने से हैं

ये तुम्हारे हाथ जो मेरी छाती पर अक्सर रखे होते हैं

मैं सच कहता हूँ – ऐसा हम बस उन्हीं के साथ करते हैं

जिन्हें हम खोने से बहुत डरते हैं , और तुम्हारी इसी

मासूमियत को देखकर कुछ लिखने को मन कहता है

ठीक उसी तरह - जैसे कोई नन्हा-सा बच्चा

अपनी मुट्ठी में पूरा आसमान रखता है

मेरी जान वाकई में – तुम कमाल की हो !

सच कहूँ तो लाजवाब हो ,

तुम्हे बीच बीच में छूकर भी देख लेता हूँ

ऐसा तो नहीं हैं कहीं कि – " तुम कोई ख्वाब हो "

हाँ , अब सुबह हो गई है , तो चलो तुम्हें बता देता हूँ

कि कल रात मैंने तुम्हे सोते हुए बड़ी देर तक देखा

और तुम्हीं में मैंने खुद को और

खुद कि आँखों में मैंने बस तुम्हे देखा

मेरी जान ! वाकई में तुम कमाल कि हो

सच कहूँ ! तो तुम लाजवाब हो

तुम्हारी तलाश में !

तुम्हारी तलाश में - मैं कहाँ कहाँ भटका

कहाँ कहाँ पटके माथे मैंने , कहाँ कहाँ सिर फोड़ा

हर जगह छला गया मैं , पर तुम न मिलीं

मैं कईयों से मिला , हुबहू तुम्हारे शक्ल के जैसे थे

मैं इसी सोच में गुम था , कि तुम्हारे जैसे होंगे भी

फिर मैंने उन्हें चाहने कि कोशिश की

कि तुम्हारे जैसे ही चाहत मिलेगी , वही खुशबु मिलेगी

जो मेरी रूह को फिर से महका देगी

किन्तु मालूम है तुम्हे – क्या हुआ मेरे साथ ?

मेरे अन्दर से सभी ने तुम्हे निकालने कि कोशिशें की

जो मुझे बेहद नागवार गुजरी , फिर क्या ?

फिर तो - न वो चाहत , न वो खुशबु, न ही तुम मिली

मैं ढूंढता रहा तुम्हे दर-बदर , तुम्हारे छोड़कर जाने के बाद

मुझे दोबारा कभी वो राह न मिली

तुम्हारी तलाश में – मैं कहाँ कहाँ भटका, कहाँ कहाँ पटके ..

पर तुम न मिली , पर तुम न मिली

तुम बहुत मक्कार हो !

तुम बहुत मक्कार हो, यकीं मानो,

रुको, अच्छा मैं याद दिलाता हूँ

तुमने आँखों से देखा था उस रोज दुर्घटना का वीभत्स स्वरुप

खून से लहू लुहान देख उसे मुंह फेर लिया था तुमने और

वजह, वही बस- तुम्हे ऑफिस जाने की जल्दबाजी थी, और कुछ नहीं

जब तुम रुके हुए थे उस रोज रेडलाइट चौराहे पर , वो छोटा-सा

बच्चा, जो था अपाहिज - मात्र पैरों से, जैसे ही करीब आना चाहा तुम्हारे,

तुम ! तुम बस लाल से हरी बत्ती देखने का फरेब करते रहे,

जब सुना था तुमने पड़ोसी से कि वो मर गया कल दोपहर में

जूझते हुए किसी बीमारी से, तुमसे मदद के लिए एक हाथ न

बढाया गया और कहते फिरते हो कि भगवान का दिया सब कुछ है

और फूटी कौड़ी न निकली जेब से उसके इलाज की मदद के लिए

आज जब लौट रहे हो गाँव अपने, देख रहे हो तमाम अंजान चेहरे

कोई पहचान नहीं रहा तुम्हे, सब कर रहे हैं आपस में काना-फूसी

इसलिए नहीं कि तुम नए हो, बल्कि इसलिए कि

तुम मक्कार आदमी हो,

लोग डर रहें हैं तुमसे कि ये संक्रमित बीमारी कहीं उन लोगों को

न लग जाये, क्यूंकि वे डरते हैं ऐसे विचारों और मानसिकताओं

वाली बीमारी से क्यूंकि वे अभी बांटते हैं आपस में अपने

हाथों के साथ साथ अपने झुके हुए काँधे तक भी,

लोग ऐसी नज़रों से देख रहे हैं तुम्हे - जैसे वे पहचान गए हों

कि सच में तुम ! एक मक्कार आदमी हो

दिखावा मात्र रह गया है तुममे, दरअसल तुम संवेदना शून्य हो चुके हो

और ग़ज़ब के जादूगर हो कि तुमने इसे नाम भी दे दिया है –

स्वच्छन्दता , आज़ादी , विकास , नव युगपरिवर्तन,

और भी न जाने क्या – क्या ,

किन्तु असलियत तुम्हे भी मालूम है और हम सभी को भी

कि तुम बहुत ही “ मक्कार आदमी हो “

समंदर की सतरह से – मोती न निकालें

आओ दोस्तों ! समंदर की सतह से - मोती न निकाले ,

इस बार चलेगे हम सभी समंदर कि सतह से काई बटोरने

हाँ ! काई , सही सुना ! कोशिश करेगे अब

समंदर के हृदय को साफ और सुथरा रखने का

मछलियों के लिए - प्रेम और यकीं का

हम संदेश देंगे, कि वे अब सुरक्षित रहेगी

उस के हृदय में रहने वाले सभी जीवों से

हाथ मिलाकर गले लगेगे,सांत्वना देंगे,

हौसला बढ़ाएगे, और हां ! लेकिन पूरे जी-जान से

काई को बस निकाल फेंकना है सतह से

जो रोकती है - उन सभी को आपस में मिलने से,

जो एक दीवार बनकर खड़ी हुई है

उन सभी के दरम्यान, चमचमा देना है हम सभी को

एक साथ मिलकर - समंदर की सतह को,

जिससे आसानी रहे फिर कभी गहरे समंदर से

मोतियां निकालने में और दोबारा आने पर दिखे –

एक भाई चारा, एकता, आपसी विश्वास

प्रेम, सम्मान, आदर और सद्भावना,

ऐसा क्यूँ होता है ?

मै हर खुशी के मौके पर उदास हो जाता हूँ,

मन मेरा बेबस, दुर्बल और अंततः निराश हो जाता हूँ,

मै मर क्यूँ जाता हूँ ? हर त्योहारों पर कोई न कोई उदास होने

की वजह क्यूँ पा जाता हूँ, ये मेरा नसीब है या खुद ही

इस गर्त में कूद जाता हूँ, कुछ गुमनाम - कड़ियों और लड़ियों को

आपस में जोड़ लेता हूँ जो पूरी की पूरी खुशियों के विपरीत जाती हैं,

और फिर उसी में समाहित हो जाता हूँ शायद मेरे निराश होने की

वजह एक ही है कि मै शापयुक्त हूँ इसलिए दुखों से परिपूर्ण

और खुशियों से मुक्त हूँ, मेरा होना या न होना कोई खास

फ़र्क़ नहीं डालता, ये दुनिया है, आदि काल से चलती आई है,

इसलिए किसी की मौजूदगी का खास महत्त्व नहीं डालता,

मै इसी भ्रम में हूं ! और जानकर भी अनभिज्ञ हूँ - मै भी खुश होना चाहता हूं,

खुशियों में साथ रहना चाहता हूं, मै भी खिलखिलाना चाहता हूं,

अपने सिर पर बड़ों का हाथ पाना चाहता हूं, जिसका मैं अधिकारी हूँ,

वो अधिकार पाना चाहता हूं यानी कि मै भी प्रेम पाना चाहता हूं

लेकिन वो वास्तविक हो, अकाल्पनिक हो, समकक्ष हो - लेकिन वही,

कि हर खुशियों के मौके पर मै उदास हो जाता हूँ और धीरे-धीरे,

उस दिन मैं ख़ुद को मरा हुआ पाता हूँ.

तुम्ही बताओ – मुझे क्या करना चाहिए ?

तुम्हीं बताओ

मुझे क्या करना चाहिए ??

मुझे उसकी बातों को मान लेना चाहिए

उसने कहा है मुझसे कि उसे प्रेम हो गया है मुझसे,

या पहले उसकी बातों को तौल लेना चाहिए कि

क्या उसे सच में मुझसे प्रेम हो गया है?

मुझे भी प्रेम पसंद है बेहद, तारीफों के लहरों पर

हौले-हौले अपने कदम बढ़ाना मुझे भी पसंद है

और ये भी पसंद है कि कोई मुझे चाहे बिना हद के

किन्तु ? यहाँ पर थोडा सा मुझे रुकना पड़ेगा, मेरे दोस्त

मुझे समझना पड़ेगा उसकी बातें, उसके इरादे

उसका प्रेम, उसका चेहरा, उसकी चालें, उसके मुखौटे

अगर ये सब मुझे – मेरे हृदय की ओर ले जाएंगे

तो मैं सच कहती हूँ - मेरे दोस्त ! हम बिना सोचे समझे

दौड़कर तुम्हारे पास आयेंगे ,किन्तु ! यदि मुझे ये सब

तुम्हारे बातें, इरादे, मुखौटे ..सुनकर और देखकर

महसूस हुआ कि ये सब तो मात्र मेरे शरीर की बनावट

मेरे रंग, मेरी त्वचा, मेरे उभार ,मेरा यौवन

पाने का इक मात्र मात्र जरिया है

तो मुझे न पा सकोगे , माफ करना मेरे दोस्त!

क्यूंकि आज मैं ये सब भली-भांति समझ चुकी हूं

कि इस दौर में तुम केवल प्रेम का प्रयोग कर रहे हों,

नितदिन नए तरीके से मुझे पाने के लिए अपनी

चालें बदल रहे हो, क्यूंकि तुम्हें मालूम है ये

कि इकमात्र प्रेम ही है पूरे ब्रम्हांड में ,

जो तुम्हें मुझ तक पहुंचा सकता है

और इसी कशमकश की वजह से किसी सच्चे प्रेम को भी

मुझे अब तौलना, जाँचना, परखना पड़ रहा है

उसे संदेह के कटघरे में रखना पड़ रहा है ,

मालूम है तुम्हें

इसके पीछे वजह कौन है ?

"सिर्फ और सिर्फ तुम"

तो अब तुम्हीं बताओ

"मेरे दोस्त ,मुझे क्या करना चाहिए"

मांसल प्रेम - तीन से चार बित्ते का

तुम्हें पहुचना चाहिए था,

मात्र तीन से चार बित्ता ऊपर, किन्तु तुमसे न हो सका

तुम बहरे हो, क्यूंकि तुम्हें सुनाई नहीं देती हृदय की धड़कन,

जो वास्तव मे रुप ले चुकी है एक कंपन की,

तुम्हें हँसी तक नहीं मालूम है जिस हँसी की ध्वनि को

तुमने हँसी कहा है - वो तो रुदन है उस वेदना की

तुमको ठहर कर सुनना था सीने से कान लगाकर

इस हँसी की उत्पति नाभि है या मात्र मांसल गला

किन्तु तुम उलझे रहे वही बस तीन से चार बित्ता नीचे

तुम अंधे हो, क्योंकि तुम्हें दिखाई नहीं देता चक्षु से बहे अश्रु का रंग

वो वाकई मे तुम्हारे प्रेम मे खुशी के थे या किसी कसमसाती वेदना के

जो अमूमन छलकते रहे, तुम्हें आंखों की चमक देखनी चाहिए थी

तुम्हारे इंतजार में तरस कर रह गई थी या तुम्हारे आ जाने से

उस स्वच्छंदता की बुझती लौ की चमक थी, जिन्हें डर था

फिर से कुचले जाने का, तुम्हें पढ़नी चाहिए थी उसकी भृकुटी

और उसकी दुविधा खुद ब खुद तुम्हें समझ जानी थी

किन्तु तुम उलझे रहे वही बस तीन से चार बित्ता नीचे

तीन से चार बिता आंखों और हृदय से नीचे और

तीन से चार बिता ऊपर बस जांघों के बीच दबी

तुम्हारी वासना से ऊपर - तुम्हें उठना था, देखना था

सुनना था किंतु तुम बस लाचार बने रहे

कितनी दया आती है कि तुम मात्र उठ नहीं सकते

देख नहीं सकते, सुन नहीं सकते

छिः मुझे तो घिन आती है तुम पर कि

तुम से मात्र तीन से चार बिता ऊपर न उठ गया

और दावा करते फिर रहे हो तुम

कि तुम्हारे मन में सभी स्त्रियों के प्रति

" आदर, मान – सम्मान, प्रेम –

और उनके प्रति सहानुभूति है " .

सुनो ! मेरा कमरा कैसा है ?

सुनो, एक बात पूछनी थी ! मेरा कमरा कैसा है?

क्या अब भी दीवार पर वही पेंटिंग है?

जो तुमने बनाई थी इक दफा , गुलाब के जैसे सुर्ख लाल और वैजयंती फूलों के रंग में

जो हर सुबह मुझे और करीब लाती रहती थी तुम्हारे,

और फ्रिज के ऊपर रखे फ्रेम में तुम्हारे साथ वाली फोटो

याद है न जब गए थे -मुन्नार, कितनी अच्छी आई थी फोटो,

और वो दरवाजे के सामने जो हमने फूल लगाए थे गुलदावदी के कई सारे रंगों में,

वो आंगन से सटा हुआ छज्जा, जिसपर हमने बहुत सी बेकार चीज़ें

फेंक रखी थी जैसे – गुस्सा , नोक-झोंक और तमाम कड़वाहटें , उसे पड़े ही रहने देना,

अच्छा छोड़ो ! याद है तुम्हें - जो घंटों हमने अपनी गेसुवों को तुम्हारे

सिरहने बिछाया थे, कहते थे न तुम - कि मुझे शैम्पू से धुले

बालों की खुशबु बहुत पसंद है और इसी वजह से कितनी बार

बॉस से डांट खाई थी ऑफिस समय से न पहुच पाने की वजह से,

आह - क्या क्या बताऊँ ? मुझे क्या क्या याद है, लेकिन ये बताओ ?

मेरा कमरा कैसा है? क्यूंकि मालूम है न तुम्हें ?

वहाँ मेरा क्या क्या छूट आया है?

तो सुनो न - बता भी दो ?

मेरा कमरा कैसा है?

" मृत्यु " का अभ्यास

मैं हर रोज मरने की तैयारी करुंगा

बस 5-10 मिनट के अभ्यास में

मैं देखना चाहता हूं, टटोलना चाहता हूं

सभी नाते रिश्तों को, सगे संबंधियों को

अपने मित्र यार को, अपने किसी प्यार को

कि मेरे मरने से भला क्या बदलता है?

क्या बातें होती हैं ? लोग क्या कहते हैं ?

समाज क्या कहता है ? मैं सीखना चाहता हूं

हर रोज इन्हीं बस 5-10 मिनटों के अभ्यास में

मैं अपनी बची हुई जिंदगी में -

आंखों की रोशनी से - भरे पूरे आकाश को,

फेफड़ों मे आती जाती - अपनी बची साँस को,

धमनियों मे रक्त को, जिह्वा पर अटकी बात को,

मैं चाहता हूं सीखना - वो तरीका ईस्तेमाल का

हर रोज इन्हीं बस 5-10 मिनटों के अभ्यास में

मैं मोह से या स्नेह से,करुणा दया के भाव से,

उपकार से, मनुहार से, द्वेष से या छल-कपट से,

दुश्मनों के झंझटों से, सुख मे गुजारे उन पलों से

दुख मे बीती सब रात से, हृदय के ज़ज्बात से

खुद को दिए आघात से - मैं इन सभी भावों से मुक्त

बस शून्य होना चाहता हूँ, ये सभी मैं सीखूंगा

हर रोज इन्हीं बस 5-10 मिनटों के अभ्यास में

दरअसल मैं मुक्त होकर निडर होना चाहता हूँ,

जीवन के सब पलों मे आनंदित होना चाहता हूं,

जो हमारे मन के अंदर हमको मारे दे रही हैं,

मैं मौत की नितदिन - न प्रतीक्षा कर सकूँगा

मैं मौत को झांसे मे ला, अपने डर को दूर कर सकूँगा

मानता हूं - जब सभी बंधनों से मुक्त तुम हो जाओगे

ये स्वतः डर जो है तुम्हारा - न पास अपने पाओगे

मैं इसी को सीखता हूं और रोज़ करके देखता हूं

मौत को जीना अगर हो तुम भी ये अभ्यास कर लो

हर रोज इन्हीं बस 5-10 मिनटों के अभ्यास में,

यानी कि बस सीख जाओ तुम हर रोज मरना

अपनी आँखों के सामने, अपने होशो-हवाश मे

हर रोज इन्हीं बस 5-10 मिनटों के अभ्यास में,

मैं हर रोज मरने का अभ्यास करुंगा

क्या तुम पढ़े लिखे हो ?

क्या तुम पढ़ सकते हो ?

प्रेम के पीछे उगी हुई कोई वेदना किसी स्त्री की ?????

रसोई से निकलते समय साड़ी का एक कोना

कमर में खोंसे, बालों का जूड़ा बनाए, एक हाथ में थाली और

दूसरे हाथ में गर्म-गर्म पकाई हुई मुलायम रोटियां,

इन सबसे वो सिर्फ पेट ही नहीं भरती बल्कि पूर्ण करती है

तुम्हारी आत्मा की प्यास को, तुम्हें तैयार करती है

एक दिन और काम पर जाने के लिए,

वो सिर्फ पत्नी नहीं होती - वो मां, बेटी और बहू होती है

इन सभी किरदारों को निभाती-निभाती

वो एक अद्भुत स्त्री होती है, जिसके पीछे के मनोभावों को,

तुम पूर्ण रुप से पढ़ नहीं सकते हो,

वो अपनी नींद त्यागती है, अपनी भूख के निवालों को

त्याग कर तुममे बांट देती है,

घर के एक एक कोने पर नज़र रखती है,

हर इक सामान को यथोचित रखती है

और उंगलियों पर गिनती रखती है

किन्तु ! तुम इन सब कामों के पीछे

उगी हुई थकान को क्या पढ़ सकते हो?

पैरों में उगी हुई पीड़ा को क्या महसूस कर सकते हो?

रात्रि में बच्चों को थपकी देते वक्त क्या उसके मनोभावों को

समझ सकते हो? क्या उसे ढांढस दे सकते हो?

बिना कहे उसके...क्या भोर मे ये कहने की

हिमाकत कर सकते हो? कि.. लेटो आज आराम से उठना,

मै भी हाथ बंटा लूंगा तुम्हारा, तुम कहते हो न कि ?

मैं पढ़ा लिखा हूं और मुझे पढ़ने का बहुत शौक है

तो बताओगे मेरे दोस्त !

क्या तुम पढ़ सकते हो ?

प्रेम के पीछे उगी हुई कोई वेदना किसी स्त्री की.

स्मृतियाँ

मेरे मस्तिष्क में तमाम यादें है,

उन तमाम यादों में सिर्फ तुम हो,

जब कभी मैं दरवाजा खोलता हूं उन यादो का

एक के बाद एक सारी यादें ज़ेहन में दौड़ने लगती है

और खुल जाते हैं सभी के सिरे -

उन सिरों को पकड़ कर मैं दौड़ जाता हूँ

उन्हीं यादों के संग जहां इक रोज तुम मिली थी

जहां शाम की लालिमा , समंदर की शांत लहरे

चिड़िया आसमान में कतारबद्ध जाती हुई

और इक तरफ तुम्हारा सिर मेरी गोद मे,

मेरी कुछ उँगलियाँ तुम्हारे केश में उलझी हुई

और हम दोनों वहीं घास के मैदान में

मद्धिम बयार को महसूस करते हुए लेटे लेटे

हमे कब नींद आ गई थी, हम दोनों को न मालूम

फिर आज अचानक से मेरी निद्रा टूटती है और पाता हूं

कि मैं यहाँ अकेला कंक्रीट की दीवारों के बीच

एक लोहे के बिस्तर और एल्युमिनियम के तकिये के संग

अकेला लेटा हुआ छत को घूर रहा हूँ - यूँ ही,

मैं झटपट दौड़ कर बंद कर देता हूं

उन स्मृतियों के दरवाजे और वापस आ बैठ जाता हूँ ,

मेरी तमाम कोशिशें नाक़ाम रह जाती है

उन स्मृतियों से कहीं दूर जाने की,

मैं हर बार की तरह असफल होकर

दीवार पर जड़े एक शीशे में देखता रह जाता हूँ

उन दो जोड़ी आंखों को

जो पूरे ईमान से, जी-जान से लगी होती है

लोहे से बने हुए बिस्तर और

एल्यूमीनियम से बने हुए तकिये को

भिगोने में और मैं लेटा रह जाता हूँ

नितांत अकेला उसी बिस्तर पर

उन्ही कंक्रीट की दीवारों के बीच.

दुःख और " मैं "

मुझे पीड़ा बहुत ही ज्यादा अच्छी लगती है, जैसे लगता है –

कि "मैं" तभी "मैं" हूँ, कभी कभी लगता है मुझे, मेरी नियति यही है

मुझे इसमे ज्यादा सुकून मिलता है - बंजारे की तरह जीने में,

मुझे अच्छा लगता है - कि कोई मुझे तोड़े-छोड़े, काटे-पीटे

मेरे मन को, मुझे लगता है कि जैसे लगातार सुख पाने में -

मैं "मैं" नहीं रह जाता हूँ, मुझे ये अच्छा लगता है - कि कोई मुझे चाहे,

दिल से मुझे जोड़े और जब मैं जुड़ जाऊँ तब वो अचानक से मुझे तोड़ दे,

मेरा दिल टूटे, और मैं बिखर जाऊँ, फिर सम्भाल कर अपने आप को

पुनः तैयार करुँ कि वो मुझे खूब चाहे ....

कभी कभी मन करता है कि कोई मुझे ले जाए ऐसे रास्तों पर जहां से

निकलना बेहद मुश्किल हो और मुझे यकीन हो उसपर कि ये मुझे

निकाल कर वापस ले आएगा किन्तु वो मुझे छोड़ दे वहाँ, फिर मै अकेला हो जाऊँ

और निकलने के तमाम रास्ते खोज कर मैं पुनः वापस आ जाऊं और वापस

आने पर उसी व्यक्ति को फिर से खूब चाहूँ.. इतना चाहूँ, इतना चाहूँ

कि उसे फिर से मुझसे प्यार हो जाए और वो मेरा दिल दोबारा तोड़ दे,

फिर अकेला हो जाऊँ और उसे खूब चाहूँ, क्यूंकि ऐसा लगता है मुझे

कि लगातार सुख पाने में

" मैं" "मैं" नहीं रह जाता हूँ.

" इबादत "

मेरी जान, मेरी इबादत का पूरा हिस्सा तुम्हारे लिए है

मेरी ज़िन्दगी का मक़सद तुम्हारा सुकून है

मेरे ख्वाबों-ख्यालों की बातें सिर्फ तुमसे है

मेरी पलकों का झपकना तेरे अक्स को क़ैद करना है

मेरे दिल की धड़कन है याद दिलाना तेरा

मेरी सांसों का ताना-बाना तेरी मौजूदगी है

मेरी हाथों की उँगलियाँ तुम्हारे स्पर्श से है और

मेरे कांधे बने हुए हैं तुम्हारे सिर की खातिर

और मेरी बांहें है तुम्हारे लिए आरामगाह

और मेरी शाम मे उग जाती हैं तुम्हारी ढेर सारी यादें

और रातें ,रातें कराती है एहसास तुम्हारा

करीब होने का और भोर लाता है " इक उम्मीद

तुम्हारे पास आने का, दोपहरें जलती है इस दूरी से तुम्हारी ,

कि ये विरह तुम्हारा अब हमसे अब सम्भाला नहीं जाता

कि किसी रोज़ इन सबको मुक्कमल कर दो

अपनी बांहों का ये घेरा मुझे मयस्सर कर दो

मेरी जान,

मेरी इबादत का पूरा हिस्सा "सिर्फ तुम्हारे" लिए है

" रूहानी इश्क "

मैं तुमसे प्रेम करता हूँ , तुम्हारे साथ चांद देखना भाता है

मैं चाँद की रोशनी मे नहाकर प्रेम से अभिभूत हो जाता हूँ

कि उसी रोशनी में तुम भी नहा रही होगी, हवाएँ जब छूती है

मुझे महसूस होता है कि कुछ ऐसी ही होगी वो हवा भी,

जो तुम्हें छूकर गुज़रती होगी, शाम आते ही होने

लगता है तुम्हारा इंतजार कि किसी रोज़ छत पर आओगी,

मिल बैठ हम बातें करेंगे और उन्हीं कुछ बातों में से

उस दूधिया रोशनी में छलकेगी तुम्हारी मुस्कान

या फिर होगा शर्माना तुम्हारा या हो सकता है गले लगा लो और

जकड़ लो तुम मुझे और फिर दूर न जाने दो या ऐसा भी हो सकता है

तुम कह दो – देखो, पास न आना मेरे और मैं महसूस करूँ बस

तुम्हें एक फीट की दूरी से , तुमने कहा था मुझे इक रोज

कि तुम्हें पसंद है " रूहानी इश्क " तो , ये बताओ फिर -

ग़र मैं छत से नीचे आ जाऊँ उसी वक्त और कैद कर लूं खुद को

किसी काल कोठरी में, तो क्या महसूस कर पाओगी

मैं किस गर्त में धंसता जा रहा हूं? क्या उन अंधेरों से

बचा पाओगी मुझे? ग़र न देख पाओ कभी मुझे

या मेरी आवाज़ कभी न सुनाई दे तुम्हें,

तो क्या सम्भाल कर रख पाओगी मुझे?

सालों बाद किसी मोड़ पर टकरा जाये सामने से

तो क्या कह पाओगी कि मैं तुम्हारे इंतजार में हूँ आज तलक?

क्या सांसे तुम्हारे तेज चलेगी, क्या जिह्वा लड़खड़ाएगी

ये कहने में कि - "नीर" तुम कहां थे इतने सालों तक?

क्या गले लगाने को इच्छुक होगी? या ये रुहानी इश्क यूँ ही

मेरे साथ उसी गर्त में समा जाएगा कभी न वापस आने के लिए,

क्यूंकि मैंने सुना है - रुहानी इश्क ढूंढ़ता है

जन्म जन्मांतर का इंतजार, हर इक पल तुम्हारी सांसों में

उसका महकते रहना, उसकी खुशबु का तुम्हारे इर्द गिर्द

फैलते रहना, तुम्हारी हर नज़र में बस उसी की छवि का होना

चाहे वो कुछ भी हो - पानी, आकाश, समंदर, हवा

रोशनी, तारे, चाँद, सितारे, धूप, परछाई, उजाला, स्याही

भूख, प्यास, तृष्ट, अह्सास,

मिट्टी, धूल, तितलियां और फूल

क्या हर जरें जरें में देख पाओगी मुझे

ग़र "हाँ" तो हाँ है !

मुझे तुमसे रुहानी इश्क

मैं स्वीकार करता हूं कि

मैं तुमसे प्रेम करता हूँ.

मैं मौन होना चाहता हूँ

अभिलाषाओं, आकांक्षाओं,वासनाओं, अभिव्यक्तियों में
मैने कई साल गुजार दिए निरंतर मैं बोलता रहा हूं,

कभी किसी को समझाने में, कभी खुद को साबित करने में
कभी ज्ञान बघारने में, कभी किसी लालसा को छुपाने मे,
मैंने ढेरों बाधाएं खड़ी कर ली अपने जीवन को सुधारने में,
मैं बेलगाम शब्दों को भीतर किसी कोने में रख सकता था
मैं जिह्वा को संयमित कर उसे गतिहीन करना चाहता हूं
मैं बहुत बोल चुका हूँ अब बस मौन होना चाहता हूँ,

मैं गैर जरुरती जगह बोला हूं, घंटों बेवजह बोलता गया हूँ,
किसी के न पूछने पर भी मैं अपनी मूढ़ता साबित किया हूँ,
मुझे एहसास होता है अब तमाम जगह चुप रह सकता था
अपनी व्यर्थ की हुई ऊर्जा को अंतस में संग्रहित कर सकता था,
अब अपने जीवन को एक सुचारु रूप से गति देना चाहता हूँ,
मैं बहुत बोल चूका हूँ अब बस मौन होना चाहता हूँ,

जब शांत चित्त मेरा कभी था, बिना बोले काम हो सकता था,
नजरों के कौतुहल को मैं भांप कर चुप भी रह सकता था,
बेवजह मैंने पूछा – किधर भाई ? फिर चार बातों का हकदार बना

उन बातों से मै थीसिस लिखा, और बेमतलब बातों का श्रोता बना

विचारों के द्वन्द से मन कराहा, फिर तुमने मुझे, मैंने तुम्हें सराहा

इसी तरह असंख्य बाते हुई और बातें क्या? फिर बढ़ती ही गई

उस तरह की सभी बातों का अब मैं निषेध करना चाहता हूं

मैं बहुत बोल चूका हूँ अब बस मौन होना चाहता हूँ,

मौन होकर मैं जाऊँगा, अपने भीतर के उस कोने मे

वर्षों से जो है तैरता डूबता, शांत होने से जहां जी घबराता

मैं खामोश होकर बस सुनूंगा, उसके जवाब हिसाब से दूँगा

जहाँ अहसास होगा मुझे, ख़ामोश बने रहना ज्यादा अच्छा है

कम से कम शब्दों का ईस्तेमाल मेरे लिए बहुत अच्छा है

मैं वहाँ जिह्वा को साध कर अब आनंद से जीना चाहता हूं

मैं बहुत बोल चूका हूँ अब बस मौन होना चाहता हूँ,

प्रेम में अंतर्द्वंद

किसी भी प्रेमी और प्रेमिका को

नहीं आना चाहिए - बिल्कुल क़रीब

थोड़ी सी दूरी सदैव बचाए रखनी चाहिए

पास आने से घट जाती है – दूरियां,

दूरियों के घटने से घटती है उत्सुकता

उत्सुकता घट जाने से घटती है इच्छा

और इच्छा घटने से महसूस होता है

मन पर इक बोझ, और बोझ महसूस होने पर,

मन उपलब्ध होता है - अलगाव को उससे,

और अलगाव होने की प्रक्रिया मे

घटित होता है प्रेम का क्षीण हो जाना

और प्रेम के क्षीण जाने के उपरान्त

नहीं रह जाते फिर कभी वो आपस में

कोई भी प्रेमी और प्रेमिका

इसलिए किसी भी प्रेमी और प्रेमिका को

नहीं आना चाहिए - बिलकुल क़रीब

थोड़ी सी दूरी सदैव बचाए रखनी चाहिए

किसी भी प्रेमी और प्रेमिका को

कम करनी चाहिए - बातें भी

थोड़ी सी दूरी सदैव बचाए रखनी चाहिए

बातें ज्यादा होने से बढ़ती है प्यास

प्यास बढ़ने से बढ़ती है - मिलन की आस

और मिलन की आस पूर्ण होने पर - आती है तृप्ति,

और तृप्ति आने पर आती है फिर - उदासीनता,

उदासीनता बढ़ने से बन जाते है - मरुस्थल,

और मरुस्थल बन जाने पर नहीं उगते फिर

कभी पेड़ और पौधे, उगते भी है तो सिर्फ नागफनी और

कुछ कंटीले बबूल, यदि इनके सिवा कोई पौधे

नहीं उगते फिर कभी , इसका आशय है !

ज़मीन का बंजर हो जाना, और बंजर भूमि मे नही फूटते अंकुर

यदि प्रेम के अंकुर नहीं फूटते हैं किसी के मध्य में

यानी कि मर चुका है उसका प्रेम

इसलिए किसी भी प्रेमी और प्रेमिका को

कम करनी चाहिए - बातें भी, इसलिए थोड़ी सी दूरी सदैव

बचाए रखनी चाहिए, नहीं आना चाहिए - बिल्कुल क़रीब.

ग़र सोच रही हो! मेरे पास आने के लिए

मेरी जान, ग़र सोच रही हो तुम मेरे पास आने के लिए

तो कुछ इस तरह आना जैसे कोई आता है

लौटने के सभी दरवाजे बंद कर के, अपने सभी सामान को समेटकर

तुम्हारे आने पर मैं तुम्हें - बांह मे भींच लूं कसकर

और ले आऊँ करीब तुम्हारे अपने कंपकंपाते हुए होंठ

सांसे मेरी महसूस करो अपने दोनों आंखों पर

बांहों मे दो दिल बस धड़कते रहे और हथेलियां मेरी, तुम्हारे

पीठ को इस तरह जकड़े जैसे कोई सम्भाल कर रखता हो

अपनी सोने की तशतरी को, आंखें तुम्हारी बस देखें मुझे

और मेरी आँखों मे तुम रहो, बाद उसके - मैं बंद कर लूं

अपनी दोनों आँखों के किवाड़ और कैद कर लूं मैं तुम्हें,

ये पल, ये अह्सास, ये वक्त, ये ज़ज़्बात, फिर रात ढले, चांद निकले

सितारे जगमगाये, रोशनी फैले, हवाओं मे घुल जाए शराब,

अंधेरा पहरा दे आकर हमे, और हम नहा सके उस दूधिया रोशनी मे,

जो तुमने उड़ेल रखी है हमारे दरम्यान - अधर मेरे, अधर तुम्हारे

उँगलियाँ तुम्हारी, हथेलियां मेरी, केश तुम्हारे, बांह मेरी,

बस खबर रहे इतनी की, आज इस रात मैं तुम्हारा और तुम सिर्फ मेरी

फिर भोर न हो किसी रोज़ - ये रात, ये वक्त, ये हवा,

ये चांद, सितारे तुम मेरी हमनवा, बस यूँ ही दिन गुजरे रात गुजरे,

हफ्ते बीते, माह गुजरे, साल गुजरे, सदियाँ बीते, युग बीते

हम जन्म जन्मांतर तक बंधे रह जाए तुमसे

और फिर किसी रोज़ मेरी निद्रा टूटे, आँखें खोलूं

तुम्हें सामने पा जाऊँ ठीक उसी तरह जब हम मिले थे

तुमसे किसी रोज़ पहली दफा, और पुनः मैं बंद कर लूं

अपनी दोनों आंखों के किवाड़, और जकड़ कर तुम्हें अपनी बांह मे

हमेशा के लिए पुनः सो जाऊँ फिर अनंतकाल तक

तुम्हें खोने के डर से मेरी जान ! कुछ इस तरह तुम्हें पा जाऊँ

हाँ जब आना मिलने मुझसे तो कुछ इसी तरह आना

जैसे कोई आता है लौटने के सभी दरवाजे बंद करके

अपने सभी सामान को समेटकर फिर कभी वापस न जाने कि खातिर,

मेरी जान ! गर आना तो कुछ इसी तरह आना

तुम्हारा इंतज़ार रहेगा .

माहवारी

सुबह सुबह बिस्तर से उठने को जी नहीं करता है

इच्छा होती है ! थोड़ी देर और लेटे रहने की

किन्तु याद आ जाते हैं बच्चों की भूख

पति का टिफिन, सास-ससुर, जेठ-जेठानी का नाश्ता

उधर पेट मे ऐंठन, जांघों की फिल्लियों को तोड़ देने वाला दर्द,

आँतों को मरोड़ देने वाली असहनीय पीड़ा

ऊपर से अब कुछ दिनों तक ये पैड बदलने की भी झंझट

किन्तु तमाम आंखें गड़ी रहती है सुबह समय से उठकर

रसोई में जाते हुए देखने के लिए , किसी तरह

पराठे सब्जियां बनाकर, घड़ी की टिकटिक सुई पर

नजर जाती है और भागती हूं तैयार होकर

ऑफिस जाने के लिए और वहाँ दर्द कि वजह से

बदली हुई चाल भांप कर, देता है बॉस दुहाई,

चलो शुक्र है ! ऑफिस समय से तो आई

और कैबिन से निकलते हुए सुनाई पड़ती है मुझे

उसकी हंसी अपनी पीठ पर और कुछ बातें भी

कि इनसे अपना शरीर तो सम्भाला नहीं जाता है

और कहती फिरेंगी - हम किसी से कम नहीं है,

अरे ! तो कैसे समझाऊं तुम्हें ए नासमझ मर्दों –

जिस माहवारी के दर्द से गुजर कर, मैं घर के सब काम-काज

निपटा कर ऑफिस आती हूं, इसी मासिक दर्द की बदौलत

मैं खुद को तैयार करती हूं और समय आने पर तुम्हें

जन्म देकर इस संसार में लाती हूं, और पाल पोसकर

तुम्हें बड़ा बनाती हूं, जब तुम किसी लायक बन जाते हो

तब उपकार की बजाय ऐसी बोलियां और ताने सुनाते हो

किन्तु मैं खुश हूं, हिम्मती हूं धैर्य भी है और साहस भी

जो तुम्हें नौ माह तक अपने गर्भ मे रख इंतजार करती हूं

तुम्हारे जन्म लेने का, ये सब इसी मासिक चक्र की

बदौलत है, तो समझो मुझे ! यदि मुझे न समझ सकते हो

तो कम से कम अपने घर जाओ और अपनी-अपनी

माँ, बहन,पत्नी और बेटी को ही समझ लो !

ये सब सिर्फ तुमसे, तुमसे और तुमसे कह रही हूँ

क्यूंकि मैं सिर्फ कह ही सकती हूँ ये सब.

प्रेम – कल और आज

मैं नहीं मानता ! प्रेम आज के जैसा पहले भी था,

पहले ज़माने के प्रेम वाकई में प्रेम होते थे,

आज के दौर में हम प्रेम को बहुत ही मासूम

बना दिए हैं साथ ही कमजोर और डरपोक भी

पहले के समय में प्रेम में डूबे लड़के अपनी

माशूका के लिए भिड़ जाते थे दूसरों से,

जान ले भी लेते थे और दे भी देते थे,

आज इस दौर में हम प्रेम तो किए लेकिन

धैर्य खो बैठे है, हमे अब इंतजार करना नहीं आता,

किंतु पहले उसकी एक झलक पाने के लिए

चिलचिलाती धूप में टूटी साईकिल से

कई किलोमीटर की दूरियां नाप आया करते थे,

कितनी दफा हमने घंटों गुजारे है पेड़ के नीचे,

आज इस दौर में प्रेम की भाषा खोती जा रही है,

प्रेम में वो बेचैनी, पेशानी अब नहीं दिख रही है,

क्यूंकि हम मिनटों में देख लेते है, सुन लेते है

और अपने हाल ए दिल बयां कर लेते है,

किंतु पहले ऐसे नहीं हुआ करता था

इंतजार रहता था खतों का, आंखें बेचैन रहती थी

पढ़ने के लिए उसमें आखिर लिखा क्या है?,

सच कहूँ? कई बार तो शब्दों में उसकी शक्ल भी

दिख जाया करती थी की वो कैसी दिख रही होगी ?

आज इस दौर में प्रेम छिपाने की चीज नहीं रह गई है,

हम एक-दो बार मिलते है, अपने सारे ज़ज्बात उड़ेल देते है

और फिर जकड़ लेते हैं उसे बांह में कसकर और साबित कर देते है

अपना ओछा-सा प्रेम, किन्तु पहले ऐसा कदापि नहीं था..

हम होंठो तक आए हुए ज़ज्बातों को महीनों तक कह

नहीं पाते थे, उसकी आहट से दिल की धड़कनें

तेज हो जाती थी, उसकी एक नजर देखने से शरीर

शून्यता को प्राप्त हो जाता था, और दिल ! दिल तो मानों

सातवें आसमान पर हो जाता था जब वो कहती थी -

"हाँ.. कहिये न, आप किसलिए बुलाए थे?"

सच कह रहा हूँ ! ये शब्द दर शब्द हमारे ज़ेहन मे

ऐसे उतरते जाते थे जैसे किसी तलहटी में

सीप का बनना होता था आहिस्ता,आहिस्ता,आहिस्ता

मैं नहीं मानता ! प्रेम आज के जैसे पहले भी होता था,

मैं गरीब आदमी हूँ, साहब जी !

साहब जी, मैं मजदूरी करता हूं, धूप खाकर और ग़म पीकर

बड़ा हुआ हूं, छांव किसे कहते हैं- मुझे नहीं मालूम है,

हाँ ! माँ के साये के तले में पला बढ़ा जरुर हूं

मेरा ओढ़ना नीला आकाश था और बिछौना मुलायम ज़मीं

मोटर कार, पक्के मकान, रंग बिरंगे लिबास की

मैं मानता हूं जीवन मे कमी है लेकिन मेरे बचपन में

मुझे सभी चीजें मिल चुकी है जैसे बाप के कंधे घूमने के लिए,

कपड़ों में लगे धूल और धक्कड़ की वो रंगीनियाँ,

पूस और मिट्टीयों से बने हमारे मकान की छत

मुझे ये सब मिल चुकी है साहब जी !

गरीब आदमी हूं लेकिन, बस ! मुझे ये गालियाँ न दो,

आप तो पढ़े-लिखे मालूम होते हो, मेरे बच्चों के सामने

उसी के बाप को ये निशानियाँ तो न दो, मैं और मेहनत कर लूँगा

काम वक्त से पहले पूरा कर दूँगा, दो जून की रोटी का निवाला

मेरे बच्चों को बचपन में मिल जाये कुछ खिलौना

कोई बड़ा ऊंचा ख़ाब नहीं है ये बस

मेरे बच्चे जिंदा रह जाएं, थोड़ा-सा लिख पढ़ जाए बस

उन्हें कम से कम मेरी तरह ये गाली तो न मिले

जिंदगी सँवर जाए पढ़े-लिखों के जैसे साहब जी !

किसी कीड़े के घर जैसे उन्हें नाली तो न मिले

साहब जी मुझे जो काम दोगे, वो सब काम कर लूँगा

बच्चों की खातिर तुम्हारे सब जुल्म सह लूँगा

मैं नहीं चाहता कि कभी वो गरीब कहे जाए

मेरे जैसे वो भी कभी बदनसीब कहें जाए

हाँ मैं मानता हूं साहब जी ! मैं गरीब आदमी हूं,

मजदूरी करता हूँ लेकिन ये नहीं चाहता कभी

कि बच्चे बड़े होने पर कभी कहें कि

पापा ! मैं भी किसी के यहाँ मजदूरी करता हूं.

परलोक की यात्रा – एम्बुलेंस से

मै एक टक देख रहा हूँ - उस शरीर को जो मेरे समक्ष चिर निद्रा से शांत है,

अनगिनत भाव मौजूद है मुझमें किन्तु किसी भाव को

व्यक्त नहीं कर पा रहा हूँ.

कानो मे सिर्फ दौड़ते एम्बूलंस के सायरन की आवाज गूंज रही है, इस ज़िन्दगी

को वापस पाने की जंग मे, बीच-बीच मे यंत्रों द्वारा रासायनिक पदार्थों का

शरीर मे प्रविष्ट होने के पुष्टि की संकेत मिल रही है, देव लोक से भेजा गया दूत

देवों के नाटकीय कार्य-प्रणाली को उस शरीर से जोड़ने की कोशिश कर रहा है,

जो मेरे ही समक्ष अभी एकदम शांत लेटा हुआ है,

मेरे सामने जो ये शरीर है - वो किसी और का नहीं, बल्कि मेरा ही है, बस इस

शरीर की धमनियों का तरल द्रव्य पदार्थ की तापमान, तरलता विभिन्न है,

ये शरीर जिसे मै देख रहा हूँ – इस शरीर मे कई सारे छिद्र किए गए है दूतों द्वारा,

जिनसे शरीर के भीतर का अवशिष्ट द्रव्य बाहर आ सके, जिससे इसकी चेतना

वापस लाई जा सके किन्तु ! ये शरीर अभी एकदम शांत है,

घोर थकावट की वजह से ये शरीर अब निद्रा की स्थिति मे है , रह-रहकर कृत्रिम

सांसो द्वारा गर्दन मे कंपन होती है, और मुख द्वार से लाल रंग का द्रव्य स्रवित

हो रहा है, ये सब उस शरीर में हो रहा है जो अभी मेरे ही समक्ष लेटा हुआ है,

आज घर का रास्ता मालूम नहीं कितना लंबा हो गया है – प्रतीत हो रहा है जैसे

हम दूसरे लोक के वासी है, और इस एम्बुलेंस की गति मानों कछुए की चाल हो,

यह शरीर जब चेतना युक्त था सिर्फ एक रट थी - मुझे घर ले चलो और वो

ज़िद पूरी तो हुई किन्तु कुछ देरी से जब वो चेतना विहीन हो चुका है,

कपास से बनी स्वेत रंग की जालीदार पट्टियाँ, जिन्हे पूरी तरह से इस अवचेतन शरीर ने सुर्ख लाल कर दिया है जो मेरी उंगलियो मे अभी भी देखे जा सकते हैं,

मै एक-टक देख रहा हूँ इस शरीर को, जो मेरे समक्ष चिर निद्रा में मौन है, अपने चक्षु से नीर के बह जाने से भी अंतर्मन को भाव मुक्त करने मे असफल ही हो रहा हूँ , परंतु ये मेरा शरीर - मेरा शरीर ही है, ऐसा कुछ भी अहसास नहीं हो रहा है, सांसे भारी है, खून की गति शिथिल है, आँखें खून हैं, फिर भी ! एक-टक अपनी आँखों की पुतलियों को गड़ाए हुए बैठा हूँ उस शरीर के ऊपर कि हो सकता है ये यमदूत अपना फरमान वापस ले ले और इस अवचेतन शरीर मे जान फूंक दे, किन्तु इस परलोक की यात्रा में जादू होना असंभव दिख रहा.

जिस शांत शरीर को मै एकटक देख रहा हूँ – मैं गवाह हूँ ! जो तमाम यंत्रों में उलझा और जकड़ा हुआ है, उम्मीद की कोई एक छोटी-सी किरण भी नहीं दिख रही है, किंतु यमदूत से फरमान वापस लेने की विनती जारी है, मत्था मेरा अभी भी उसके पैरों में पड़ा हुआ है, मेरे आंसुओं के कतारों कि गर्माहट भी उसको चिर निद्रा से उठाने में आज असमर्थ दिख रही है, क्या करूँ ? कोई आस दिख नहीं रही है, और इधर ये शरीर ! चुपचाप शांत चिर-निद्रा में लेटा हुआ है घर पहुचने के इंतजार में.

मैं आहिस्ता-आहिस्ता मर रहा हूँ

मैं आहिस्ता आहिस्ता मर रहा हूँ,

मुझमे भी जीने की चाह है, मैं भी दुनिया देखना चाहता हूँ,

मैं भी खुश रहना चाहता हूँ, मैं भी बाहें फैलाकर सभी का

स्वागत करना चाहता हूँ, किसी का प्यार पाना चाहता हूँ

किसी का बन जाना चाहता हूँ किन्तु मुझे प्रतीत हो रहा है

कि ! मैं आहिस्ता आहिस्ता मर रहा हूँ,

मेरी सांसे गिनती दर गिनती कम होती जा रही है,

बहुत कुछ छूटता जा रहा है, जैसे अंदर ही अंदर बहुत कुछ

टूटता-सा जा रहा है. किससे, क्या और कैसे कहूँ

नहीं मालूम ! बस खुद से दूर होता जा रहा हूँ, सुना है -

मनुष्यों की आबादी बढ़ रही है? नदियों का विस्तार हो रहा है?

ब्रम्हांड मे नितदिन फैलाव हो रहा है, चांद में चमक बढ़ती जा रही है

वो खूबसूरत होती जा रही है, फूलों की नई-नई प्रजातियां

पनप रही है, खुशबुओं में नई संख्याएं इजाद हो रही है,

किंतु बस मैं घटता जा रहा हूँ, जैसे - मेरे शरीर में

झुर्रियां आ रही है, आंखों के नीचे कालापन बढ़ रहा है,

बाल सफेद हो रहे हैं, पसंदीदा रंगों मे अब कुछ ही रंग बचे हैं,

खानों में मुझे सलाह दी जा रही है कि ये मत खाओ, वो मत खाओ

जादा दूर दौड़ने की शक्ति कम हो रही है, मुझे नहीं मालूम -

लोग क्या समझते हैं ? किंतु हकीकत यही है कि - सच में !

मैं आहिस्ता आहिस्ता मर रहा हूं.

त्योहार अब पहले जैसे नहीं रहे, लोग होली दिवाली मे घर कम जा रहे,

खेती-किसानी अब बहुत कम ही लोग ही कर रहे हैं,

गाएं सड़क पर सहमी-सहमी घूम रही, लोग पैर अब कम छूते हैं,

यानी कि किसी को अब आशीर्वाद की जरुरत नहीं है,

वृद्धों को अंजान आश्रमों में भेजा जा रहा जिनकी देखभाल भी

कोई समाजसेवी कर रहे हैं, बहुएं, बेटे, नाती-पोते सब के सब

एकाकी जीवन जीने की चाह रख रहे हैं, बड़ों की अब

जरुरत नहीं रह गई है और बड़े खुद-ब-खुद समझदार हो गए हैं,

वो हर काम बहुत नापतौल और सोच-समझकर कर रहे हैं,

माएँ अपने पल्लू से अब अपने ही आंसू पोंछ रही है,

ऐसा लगता है जैसे मैं किसी और लोक का वासी हूँ, कुछ इस तरह

सब यहां जिए जा रहे हैं, किन्तु, मैं ये सब महसूस कर रहा हूँ -

शायद, यही वजह है कि मैं आहिस्ता आहिस्ता मर रहा हूँ,

किन्तु, मेरा मरना भी जायज़ है, क्यूंकि इसी भीड़ मे तो हम भी जिए जा रहे हैं,

खैर मैंने जो महसूस किया है वो तो कह दिया तुमसे, अब तुम बताओ ?

कहीं तुम भी तो नहीं आहिस्ता-आहिस्ता मर रहे हो ?

आओ, हम सैर पर चलते हैं

तुम्हें दिखाता हूँ तुम्हारे मनपसंद के ढेर सारे फूल,

हरे भरे पेड़ों से ढके ऊंचे टीले, वही पास में है -

एक नेवले की मांद - उसके ढेर सारे छोटे-छोटे बच्चे,

बहुत प्यारे दिखते हैं, वही से कुछ दूरी पर पोखरा भी है,

शाम के वक्त वो अद्भुत सज जाता है - जब ढलते सूरज

की सुनहरी लालिमा, उसकी पानियों पर पड़कर एक सुंदर

मनमोहक छटा बिखेर देती हैं,

कुछ दूर चलते-चलते ढेर सारी बातें करेंगे,

जब मै तारीफ करुंगा - तुम्हारे आँखों की, तुम्हारे सुर्ख होंठो की,

माथे पर झूमती एक केश की लट का, फिर तुम अपने झेंपने,

और चेहरे पर आए शर्म को कुछ तो अपनी हँसी में,

और कुछ को अपने दोनों हथेलियों से छुपाने कि कोशिश करोगी,

फिर ये देखते ही - मैं अपने चेहरे को मोड़ दूंगा दूसरी तरफ

ताकि तुम पर वो हुस्न का निखार बखूबी उतर सके,

कुछ मस्ती करेंगे, किसी चुटकुले पर

हँसेगे देर तलक और फिर उसी हँसी मे मै देखूँगा तुम्हारी

वो उम्र जिसको तुम पीछे छोड़ती आ रही हो,

किसी तरह मै तुमको उसी उम्र में घुमाता रहुँगा ताकि

तुम्हारे चेहरे की ये खुशी यूँ ही बरक़रार रहे और तुम

ताउम्र ऐसे ही खूबसूरत दिखती रहो,

क्यूंकि मैंने कहीं पर पढ़ा था कि 'हंसने से स्वास्थ्य अच्छा रहता है,

और स्वस्थ रहने से जवानी बनी रहती है'

तो मै तुम्हें ऐसे ही हंसाता रहूंगा और तुम्हारी ओर

आती हुई किसी भी तकलीफ की आशंका को

अपनी ओर मोड़ने की कोशिश करुंगा, हाँ बस !

अब जरुरत है तुम्हारे साथ की जिसे

मैंने ख्वाबों में जीना शुरु किया हूँ

इसलिए तो कह रहा हूँ - कि आओ न !

हम सैर पर चलते हैं,

ताकि तुम्हारा आना हो सके मुझ तक और

मै ले जा सकूं तुम्हे उस उम्र में और रोक सकूं

कुछ सालों तक तुम्हारी ये मुस्कान, ये हंसी, ये अल्लहड़ता,

ये शरारतें, ये बदमाशियाँ, ये हुस्न और जवानी

तो बताओ फिर अब - क्या इरादा है तुम्हारा ?

कब चलें – हम सैर पर?

ख़त - मेरे देवता

मेरे देवता,

ये खत मिले, तो आ जाना इस बार !

तुम आए तो होते मैंने खुद को सहेज़ कर रखा था

कि तुम जरुर आओगे लेकिन तुम नहीं आए,

मैंने तालाब से गीली मिट्टी लाकर अपने कमरे को

लीपा था, ताखे का रंग बदला था, जो तुम्हें पसंद था

मेरे होंठ जैसे चटक लाल, घर की दीवार पर

राधा-कृष्ण वाली तस्वीर लगाई थी शायद उसे दिखा कर

मै तुम्हें समझा सकूं अपने हृदय की बात और

रोक सकूं तुम्हे अपने पास, लेकिन तुम नहीं आए.

मैंने अपनी सहेली से - उसके गांव से

कुछ चंपा और चमेली के फूल मंगाए थे

और ठाकुर जी के यहाँ से समूचे चावल के दाने मंगाए थे,

ताकि अक्षत लगा कर तुम्हारा स्वागत कर सकूं ,

मंदिर के पुजारी जी से एक दिन के लिए

आरती वाली घंटियां उधार मांग कर लाई थी,

कि तुम्हारी आरती उतार सकूं, लेकिन तुम नहीं आए.

घर के द्वार पर मिट्टीयों से और कुछ फूलों के रंगों को

मिलाकर कई रंगोली बनाई थी और अपने

कमरे की दीवार के हर ताखों पर, तुम्हारे इंतज़ार में

कुछ दिये जलाए थे, कि तुम आओगे, लेकिन तुम नहीं आए,

हर बार की तरह फिर से - मै, आज मंदिर मे जाकर भगवान जी से

रिश्ता तोड़ कर आई हूँ और फिर जब तलक अपने बाबा से डांट न

खा जाऊँ तब तलक फिर से मैंने भोजन का त्याग कर दिया है, तुम

हर बार की तरह जीत गए, अपने वायदे के मुताबिक सच्चे निकले,

और मै ? मैं फिर हर बार की तरह आज भी हार गई, तुमने कहा था –

मै अब लौटकर नहीं आऊंगा , लेकिन मै रोज़ तुम्हारा इंतज़ार करती हूं,

जिस दिन से तुम मुझे छोड़कर गए हो, तो सुनो !

हमेशा ये इंतज़ार रहेगा, हमेशा ये प्यार रहेगा,

हमेशा मैं बुलाती रहूंगी और हमेशा की तरह

इसी आस में जीती रहूंगी, कि तुम आओगे,

अब तो मेरी भी ज़िद है – कि तुम आओगे या फिर

मै ऐसे ही दम तोड़ दूँगी किसी दिन तुम्हारी आस में.

तुम्हारी

अभागन पूजारन   दिनांक – जुलाई 07

मै नर्क का वासी हूँ

क्यूंकि आजकल अब यहीं रहता हूँ, मेरा घर गर्म दहकते

लावे से परिपूर्ण है, चारों तरफ काले और बड़े बिच्छुओं

का निवास है, मेरी बाल्कनी में ढेर सारे गिद्धों द्वारा मांश

के टुकड़े फैलाए हुए हैं, और मेरे दरवाजे पर लंबी-लंबी

नुकीली कीलों की डोर मैट बिछायी हुई है, जिसपर मेरे

बच्चे अपने नन्हे-नन्हे मुलायम पैरों से चल कर आते हैं

लेकिन बीच में ही जहरीले सर्पों द्वारा लपेट लिए जाते हैं

और धीरे-धीरे मरोड़ कर निवाले बना लिए जाते हैं

आज मेरी छत पर गायों कि चर्बी से निकाले तेल में

पकाया हुआ मेरे बच्चे का दाहिना हाथ मुझे रात्रि के भोजन

में परोसा गया है, यहां शांति है, सन्नाटा है, सब चुपचाप हैं

राजा-महाराजा खुश हैं, सैनिक हुक्म का पालन कर रहे हैं,

यहां कोई शोर-शराबा नहीं है, कोई जिह्वा नहीं हिलती है

कोई हाथ पैर नहीं मचलते हैं, कोई भेदभाव नहीं है, किसी

प्रकार के दु:ख नहीं हैं , क्यूंकि दुखी होने के लिए जीवित

होना बेहद जरुरी है , और मैं हूँ – मरा हुआ, अन्यथा

मैं बोल कर कहता कि - मैं जीवित हूँ ,

यही वजह है कि मै ! नर्क का वासी हूँ और आजकल यहीं रहता हूँ.

मेरा दुख क्यूँ नहीं टिक पाता

मेरा दुख क्यूँ नहीं टिक पाता है, क्षणिक में भूल जाता हूँ

कितनी भी विपत्ति आए, कितनी ही निराशा पनपे

सबके साथ ही चल देता हूँ, सबका साथ निभा देता हूँ

तन्हाई में रह के भी अब क्यूँ नहीं मेरा सीना दहकती आग मे जल जाता

क्षणिक में भूल जाता हूँ , मेरा दुख क्यूँ नहीं टिक पाता है ?

ये कमरे के पंखे क्यूँ नहीं उकसा पाते हैं चूमने से?

घरों की ऊंची दीवारें क्यूँ नहीं बुलाती अपने पास कभी?

ज़मीं क्यूँ नहीं समेटती है अपने आगोश में मुझे कभी?

जो बीहड़ दरख्तों से भरा उसी में पैर क्यूँ चलते है मेरे?

क्यूँ नहीं कोई मेरे पैरों को जकड़ के बाँध जाता है?

क्षणिक में भूल जाता हूँ , मेरा दुख क्यूँ नहीं टिक पाता है?

लोहे के औजार क्या मुझसे नफरत करते है भला ?

सड़कों पर दौड़ती मोटरगाड़ियां क्यूँ दूर भागती मुझसे भला?

क्या मेरे ही घरो की सीढ़ियाँ किसी उलझन में है भला?

मेरे बदन का एक-एक हिस्सा क्यूँ नहीं कोई

काट कर कंधे पे उठा ले जाता है?

क्षणिक में भूल जाता हूँ, मेरा दुख क्यूँ नहीं टिक पाता है?

हर तरफ घिरी हुई है काली रात, फिर भी सुबह की है आस

दूर तक खूंखार जानवरों की आवाजें आती है पास

मन घबरा कर भाग क्यूँ नहीं जाता है इनसे बहुत दूर

क्या आत्मा विहीन हूँ मै या किसी वजह से मजबूर

तिल-तिल तड़प कर गिद्धों को लुटाता हूँ मांस के लोथड़े

क्यूँ नहीं दर्द से अब रुह मेरा साथ छोड़ जाता है ?

क्षणिक में भूल जाता हूँ मेरा दुख क्यूँ नहीं टिक पाता है?

ये होंठ नहीं है केवल !

ये होंठ !

हिलते हैं कभी तो दुआ, तो कभी बद्दुआ बन जाते हैं,

और कभी मन के गहरे राज कह देते हैं, तो कभी खामोश हो

पीर सह लेते हैं चुपचाप !

ये होंठ ! सब कह भी लेते हैं, कभी समंदर की गहराइयों जैसे

चुप्पी साध लेते हैं, कभी मचल कर हंसी, कभी मुस्कान

कभी एहसास दिला देते हैं - कौन अपना, कौन पराया, बताते हैं पहचान,

ये होंठ ! कभी श्रृंगार कर गाढ़े लाल रंगो से मचलते हुए अरमान

को छलका देते हैं, कभी कविता, ग़ज़ल या नज़्में लिखवा देते हैं

तो कभी अनकहे शब्दों को रुप दे देते हैं, कभी शब्दों के पूरे

समूह को एक साथ ढकेल देते हैं किसी अंधे कुएँ में,

ये होंठ ! सभी के पास होते हैं - नदी, पहाड़, झरना, रेत, पेड़-पौधे, हवा

आकाश, बारिश, धूल, धूप, मिट्टी, खिलौने

सभी के पास होते हैं, बस महसूस करना है उनके पास जाकर

ये क्या कहते हैं ? बच्चे, बूढ़े, जवान सभी के पास होते हैं

सभी के अपने तरीके है इन्हे - चलाने, हिलाने, बोलने और खोलने के

ये होंठ ! कुछ कच्चे भी हैं, कुछ पक्के भी हैं कुछ अधकचरे भी

इन्ही की तो बस उम्र होती है, देख लो यकीन न आए तो

पास जाओ - सुन लो, सब होंठों का ही तो खेल है,

कोई जीता है, कोई मारा जाता है, कोई मजबूर होता है,

रेंग कर चलने को कोई ऊंची-ऊंची सत्ताएं पाता है,

ये होंठ ! सब कुछ हैं तुम्हारे, सबसे खास हैं, सजा कर रखो,

संभाल कर रखो, ये सिर्फ अंग ही नहीं है तुम्हारे - जीवन भी है

और इसी से मरण भी है, कभी जरूरत हो तो चीर दो छाती पहाड़ों की,

और निकाल दो अविरल, अविराम एक और गंगा .

ये होंठ ! सिर्फ होंठ नहीं है, इनमे - भूख, प्यास, दर्द, अगन, जलन,

तड़फ, तृप्ति, प्यार, नफरत, श्रृंगार, अंगार, जीत और हार भी हैं,

क्या - क्या बताऊँ ? कि ये क्या - क्या हैं ?

लेकिन ये सिर्फ होंठ तो बिल्कुल नहीं हैं,

इन्हें बहुत सजाकर, सम्भालकर रखो .

मणिकर्णिका – महा श्मशान

इस महाश्मशान में सब अपने-अपने पसंद के

व्यक्ति को लेकर आते हैं प्राण वायु के निकल जाने के उपरांत,

और ये चार लोग जो लेकर आते हैं वो भी उसी मृत व्यक्ति

के पसंद के रहें हों, ये जरूरी नहीं ! उन्हें सिर्फ

ईश्वर चुनते हैं उनके मोह के निवारण हेतु,

राम नाम सत्य है ! यही रट केवल रहता है उनके मुख पर

किन्तु ये शब्द सिर्फ क्षणिक है, ये प्रार्थनाएं विशेष है

लौटते ही वहाँ से हम जुट जाते हैं वापस

उसी उधेड़बुन में, अपनी उसी माया कि दुनिया में,

हम अभी निकट थे जिनके कुछ समय पूर्व,

अब हम प्रतीक्षारत हैं उनकी बारी आने पर

उन्हें चूल्हे मे झोंकने की खातिर,

जरुरत है तो बस ! कुछ कुंतल लकड़ियां,

एक अंतिम स्नान गंगा का,

कुछ मंत्र अंतिम संस्कार के,

कुछ फेरे उस जल की मटकी के साथ,

कुछ छिड़काव चीनी के दानों का,

कुछ इंतजार उनके राख होने का

ग़र प्रेम रहा होगा एक अर्से तलक,

तो समेट लेते है हम उनकी कुछ अस्थियां

किन्तु उसे भी हम विसर्जित कर देते हैं वहीं

मोक्ष - दायनी माँ गंगा को , बस !

यहीं तक होती है आपकी जीवन-यात्रा,

और आज आपकी यात्रा समाप्ति होती है

क्यूंकि अब आप बन चुके है - एक पिंड,

क्यूंकि आप वही थे अपने गर्भ के शुरुआती जीवन में

यानी कि ये हुआ - शून्य से शून्य का सफर,

और बीच की यात्रा जीवन कहलाई ,

आपकी भौतिक कमाई जो भी बची, वो सब हमने आपस मे बांट लिए

जो शेष बचा रह गया आपका

वो था " प्रेम" जिसे बांटा था - आपने

स्वयं हम सभी मे, वही धरोहर है आपकी

जो आपकी यात्रा को सुगम बनाएगी

मृत्यु लोक से पर लोक तक

ग़र ये सब सच है आपकी नजर मे भी ?

तो साथ मे बोलिए –

"राम नाम सत्य है, राम नाम सत्य है, राम नाम सत्य है"

मैं नीर हूँ – 1

मुझे क़ैद मत करो, मेरे कई रुप है,

किस-किस को भला तुम क़ैद कर सकोगे,

मुझे रुकना पसंद नहीं है, मुझे किसी अंजुरी मे ठहरना भी नहीं है

मुझे किसी बर्तन में भला कब तक रख सकोगे? भला तुम उसे

कब तक सम्भाले रख पाओगे, मुझे बहने दिया करो बस

जिधर मैं जाऊँ ! मुझे तुम जाने दिया करो, तुम्हारे जीने के लिए

मेरी एक अंजुरी बहुत है, ताउम्र मैं नहीं रुक पाउंगा,

मुझे दूर जाना बहुत है, हाँ तुम्हें जितने कि लालसा है तुम भर लो मुझे

फिर खोल दो द्वार मेरा, और गति मेरी दे दो मुझे, मुझे क़ैद न करो-

मेरे कई रुप है, किस-किस को भला तुम क़ैद कर सकोगे.

मेरी नियति खो जाना है, मेरा कोई साया नहीं है, मैं बेघर रहना चाहूँगा

ठहरना मुझे भाया नहीं है , हाँ - तुम अपने जीने के लिए मुझे

कुर्बान कर सकते हो, और चाहो तो कुछ दिनों तक मुझे पास रख सकते हो

लेकिन याद रखना ! मैं रह नहीं सकता क़ैद किसी भी प्याले में तुम्हारे,

मुझे स्वच्छंद बहने दो मुक्ति है बस इसी मे मेरी, मेरा कोई घर नहीं होगा

शाप से घिरी ज़िन्दगी है मेरी, रोकोगे मुझे तो पाप के अधिकारी बनोगे तुम,

व्यर्थ में ! मेरे हिस्से के शाप के भागीदारी बनोगे तुम ! मुझे क़ैद न करो,

मेरे कई रुप है, किस किस को भला तुम क़ैद कर सकोगे.

मैं नीर हूँ – 2

मैं रहूं किस रुप मे भी तुम्हारे दुख को ढोना चाहता हूँ,

मैं कभी मानव निर्मित या किसी कारखाने की न बर्फ़ बनना चाहता हूँ

मैं सदा प्राकृतिक रुपी हिमखंडों के रुप जीना चाहता हूँ,

ताकि बटोर लूं उन सभी के अस्थि, पंजर, रक्त, मांस को

जो हमारी गोद मे आए कभी और वापस जो यहां से

न भूमि अपने जा पाए कभी, हाँ - मुझे वो सब याद है

कुछ थे उनमें ऋषि-मुनि, कुछ तपस्वी, कुछ पर्वतारोही भी थे

कुछ आए थे अपनी खोज मे, मैंने सहेज कर रख रखे है -

उन सभी की आत्माओं को जो अलविदा न कह सके अपने प्यारे माँ बाप को,

उन सभी के दुख को मैं अपने सीने मे समेटे जी रहा हूँ,

यदि कोई शंकित हो मेरी इस बात पर वो आए मुझ तक

मैं बदन अपना दिखाना चाहता हूँ , मैं नीर हूँ –

मैं रहूं किस रुप मे भी तुम्हारे दुख को ढोना चाहता हूँ ,

हाँ रुप मेरे और भी हैं - नदी, झरना, तालाब, समंदर

किन्तु मैं बहते रुप में बस नदी बनना चाहता हूं,

जो सभी के दुख समेटे वो भी गंगा रुप में - आत्मा मेरी यहीं है,

प्यास बुझती है यहां, मैं सभी के पाप लादे, दर-बदर गिरते लुढ़कते

मुक्ति देता हूँ यहां मैं, दुःख सभी के हरता यहां मैं, कितने आंसू है -

मेरी इस गोद में, दुःख सभी के ढ़ो रहा हूँ, कितनी लाशों को समेट कर

अपने जिस्म से यूँ लपेट कर किन्तु मैं विचलित नहीं होऊँगा -

नाम मेरा एक और है जीवन-दायिनी, वो कर्तव्य भी पूरा करुंगा,

तुम कभी ग़र दुखी हो जाओ, पाप से कन्धा झुका हो, राह कोई न सूझता हो

सगे तुम्हारे तुमसे खफा हो, तो आओ मेरी इस गोद में तुम एक डुबकी मार लो !

मैं अपनी इस शीतल छुअन से दुख तुम्हारे खींचकर, बस आराम देना चाहता हूँ,

मैं नीर हूँ - मैं रहूं किस रुप मे भी तुम्हारे दुख को ढोना चाहता हूँ,

हाँ रुप मेरे और भी है - ओस, नमी, वाष्प, बादल, किन्तु मैं इस रुप में

बस नमी बनना चाहता हूँ, जब कभी सूखा पड़ा हो खेत मे,कोई पत्ता

सूख रहा हो धूप मे, रिश्तों में जब दरारें पड़ने लगे, काई हृदय में जब कभी

जमने लगे, उस वक्त मैं तब नीर से नमी बनना चाहता हूँ, ये खेतों की मिट्टियाँ

पेड़ों से गिरती पत्तियां, उस पथराई आंख से और मन में लगी सब आग से

मैं इक सहारा होना चाहता हूँ, मैं नमी बनकर फिर सभी में जान भरना चाहता हूँ,

ताकि उपजाऊ हो मिट्टियाँ, पेडों में खिले पत्तियाँ, मैं भरुं आँखों में प्रेम और

दिल से मिटा दूँ द्वेष का ग़म, तुम मेरी बस इस नमी का एक कतरा चख कर देखो

दुःख, दर्द, पीड़ा, ग़म सब भूल जाओ या मुझे दे दो, मैं तुम्हें जीवन का

असली स्वाद दिखाना चाहता हूँ, मैं नीर हूँ -

मैं रहूं किस रुप मे भी तुम्हारे दुख को ढोना चाहता हूँ.

मैं नीर हूँ – 3

नहीं चाहिए मुझे कुछ बस मैं तुम्हारे लिए लड़ूंगा,

जब कभी तुम देंह के अंदर रहे हो, रक्त मांस और और हड्डियों के बीच रहे हो,

मैं तुम्हारा कवच बनकर प्रतिपल लड़ा हूँ, अपने घेरे मे सदा तुमको रखा हूँ,

मैं जहां तक हो सकेगा रक्षा करुंगा और तुमको नौ माह तक

मैं हर दुखों से मुक्त रखूँगा, मैं तुम्हारे लिए सबकुछ करुंगा,

भूख तुम्हारी, प्यास तुम्हारी मैं सभी का ध्यान रखूँगा,

जब प्रकृति का वो माह भी पूर्ण होगा, तब तुम्हारे साथ मैं भी बाहर चलूंगा

और खुदको व्यर्थ बनाकर फिर तुम्हें इक नया जीवन मैं दूँगा

मैं नीर हूँ - नहीं चाहिए मुझे कुछ बस मैं तुम्हारे लिए लड़ूंगा.

जब कभी तुम शोक से घिर जाओगे, पास अपने न किसी को पाओगे,

टूटकर बिखरने को जी करेगा, और खुद को एकांत में तन्हा करोगे,

फिर तुम्हारे चक्षु से मैं बह जाऊँगा, खुद का तर्पण करके तुम्हारे

मन को हल्का कर जाऊँगा, जब तलक मुस्कान होंठो पर न आए

और आंखे फिर खुशी मे न चमक जाए, फिर तुम्हीं से कहूँगा –

उठो अब ! अपनी आँखों से बहे उस नीर को पोंछो जरा

और खुद को मर - मिटाकर मैं तुम्हें खुश कर जाऊँगा ,

मैं नीर हूँ - नहीं चाहिए मुझे कुछ बस मैं तुम्हारे लिए लड़ूंगा.

इस झूठ की दुनिया से कभी जब अलविदा लोगे और

तुम परिजन से अपने, परिजन तुम से जुदा होंगे, इस तुम्हारी

देंह पर फिर - घी, तिल, चंदन, जौ, और चीनी रगड़ कर

कुछ आम की छोटी तो कुछ बड़ी लकड़ियां, फिर

डेढ़ फुट मिट्टी की खाई मे उस वक्त तुमको लिटा कर,

सब वही दूर से जब अंतिम दफा देखेंगे तुमको

मैं अंत मे फिर लड़ूंगा उस धधकती आग से

कि जब तलक मैं खुद को पूर्णतः न खंपा दूँ,

सब सुनेंगे – देखेंगे, जो भी खड़े है - कि मैं

उस चुरचुराती आग से मैं कितना लड़ा हूँ,

ये तुम्हारी देंह केवल तब जलेगी, जब वहाँ इस नीर को

पूरा सुखा देगी, सब साक्षी बनेंगे -

ये हवा, आकाश, मिट्टी और अग्नि, कि -

नीर आखिर तक लड़ा है सिर्फ तुम्हारे लिए,

क्यूंकि उसने पहले ही कहा था -

कि

मैं नीर हूँ !

नहीं चाहिए मुझे कुछ

बस मैं तुम्हारे लिए लड़ूंगा.

माया

जीवन क्या है? इक माया है !

इस माया मे, हम खोए हैं

अपनों को लेकर हम रोये हैं,

ये सब ऐसे चलता जाएगा

चक्र समय गलता जाएगा,

वक्त मिला कुछ नेकी कर लो

अपने जीवन की रेकी कर लो,

तुम चाहो या न चाहो तुम

ये समय कहां, रुकने वाला है,

जिसको भी तुम देख रहे हो

इक दिन सब खोने वाला है,

रिश्ते-नाते सब खो जाएंगे

जो आसपास, जिंदा दिखते हैं,

इक दिन ये सब सो जाएंगे

किस भूल मे, जीते जाते हो

सपनों को, सीते जाते हो,

बाकी ये सब खो जाएगा

"प्रेम" ही केवल रह जाएगा.

भेड़िया

बचपन का वो डरावाना दिन, अब भी याद है मुझे !

मै थी कुछ वही मात्र 11 साल की – नाम बस भूली हूँ उस भेड़िये का,

शाम छह के पास का समय रहा होगा, सर्द शाम मे घात लगाए

घर के बगल वाले गलियारे में वो भेड़िया दुबका था,

जब मै काकी के यहाँ से डोलची मे दूध लेकर लौट रही थी,

शक्ल ठीक से न पहचान पाई थी, जब उसने दोनो हाथ पकड़,

मुँह दबोचकर घसीटा था मुझे उस सुनसान गलियारे मे,

मै ठीक से चीख भी नही पाई थी,

दाँतों, अंगुलीयों औ नाखूनों से मेरे वक्ष और छुई मुई की पतली डंडी

जैसे जंघे को बेरहमी से इतना काटा और नोचा था, मैं बहुत सहमी-सी,

डरी हुई जब घर आई थी - पीड़ा, डर और कुछ शर्म के मारे से

मैं अपनी माँ को भी - ये सब बतला नहीं पाई थी,

हर रोज अब भी वो मेरा बलात्कार करता है - कभी नहाने जाऊँ तो ,

तो जांघों पर पड़े ब्लेड जैसे नाखूनों के चीरे और छाती पर दांतों के निशाँ

मुझे जीने नही देते हैं, हर एक पल मेरी नारी के अस्तित्व का

चीर हरण करता है, कभी भी सुकूं से बच्चे को दूध तक ना पिला पाती हूँ

हमेशा वो निशाँ आँख में चुभता रहता है ,

औ इधर मै इनसे (पति) बहुत दफा बताई कि ये सब कैसे हुआ था ?

किन्तु बस हर बार स्त्रीत्व को ही लात से कुचला जाता है,

कहीं ना कहीं दिल मे इनके संदेह अभी भी बना हुआ है –

बस हर बार मेरे ही चरित्र पर दाग लगाया जाता है,

कभी-कभी रातों मे अचानक नींद से जाग़ उठती हूँ पसीने से तरबतर

सपनों मे भी आज तक वो खूंखार भेड़िया दौड़ाता है मुझे -

हर रोज़ एक नए मुखौटे पहन कर मेरे स्त्रीत्व को तार-तार करने

फिर बहुत जोर से आधी रात में चीखती हूँ, चिल्लाती हूँ,

डर के मारे उस वक्त बिल्कुल सहम-सी जाती हूँ,

ये डर, दर्द, संदेह, लज़्ज़ा ! कब तक आखिर मै सहन करती रहूंगी,

सिर्फ इसी डर के मारे आज तलक

अपनी नन्ही-सी बच्ची को अपने आँखों-से ओझल नही होने देती,

कि पता नहीं ?

कब वो भेंडिया किधर से आ जाए ?

मेरी नन्ही-सी बच्ची को

निगल ले, चबा जाए, खा जाए ,

तिल-तिल अब मै बहुत मर चुकी हूँ

ज़ज साहेब ! हाथ जोड़ रहीं हूँ -

बहुत हो चुका ! मुझे न्याय चाहिए, मुझे न्याय चाहिए.

बेनाम

वो तो बस प्यार की थी , मस्त रहती थी

सपनों की दुनिया में, कभी चाँद-तारों से

भरी रोशनी मे, कभी टिमटिमाते दिये मे

सांझ होते ही कितनी उम्मीदें जगा बैठी थी ,

उसको ही तो अपना सब कुछ मान बैठी थी,

जो हवाओं से बातें कराता था , जो गुनगुनी

धूप में अंजुली भर गुलमोहर के फूल लाता था ,

यही सोच कर खोई रहती थी हर वक्त कि -

कितना ख्याल रखता है, अनजान थी लेकिन

किसी भी होनी से, वो रात आज उसे मालूम हो

रही थी की कितनी आलोचना और अवहेलना

से भरी रात थी, जो आज उसे मालूम पड़ी है,

प्रिये के इस मधुर मिलन का कौन सा नाम दे?

किससे कहे? क्या कहे? और कैसे कहे भला?

जो पल रहा इन सबसे - अनजान,अपने मे खोया,

कोई भनक न थी उसे, वो खेल रहा था बस,

वो बस सोचे, सोचे और सोचे जा रही थी,

अंदर ही अंदर लड़कपन की अंजान गलतियों से,

शायद सीख भी रही थी और जगाए थी अब बस

भविष्य की इक खुशनुमा सुबह, गुनगुनी दोपहर,

और शीतलमयी रात की, लेकिन नहीं मालूम ?

क्या कहूँगी उससे ?

कौन था आखिर वो ?

क्या नाम था उसका ?

ये सब सोचकर घबरा जाती थी वो लेकिन उसकी

दो भूरी-भूरी आँखों में चमक भी तो तभी आती थी,

जब वो बातें करती थी अपने उस नन्हे से बच्चे से -

जो पल रहा था

उसकी कोख में,

" बेनाम ".

चाँद

मै गुम सुम सा सोच रहा हूँ - कैसा दिखता होगा चाँद?

वो मेहमानों के बीच भले हो - तन्हा होगा मेरा चाँद,

सखियाँ घेरे होंगी दिन-भर, रात मे रोया होगा चाँद,

दरवाजे पर आस लगाए - तकता होगा मेरा चाँद,

खुद से लड़ते-लड़ते शायद अब वो टूटा होगा चाँद,

था चेहरा उसका रोशन जो, फूलों-सा सूखा होगा चाँद,

देर रात अब हार के सबसे, खुद को समझाया होगा चाँद,

मुट्ठी भर लाल सितारों से फिर मांग भराया होगा चाँद,

कुछ तो मन मे ठाना होगा? जब घर छोड़ा होगा चाँद,

क्या रात अंधेरे रोया होगा? नए देश का नया-सा चाँद,

या सबसे घुल-मिल कर उसने हंसी-ठिठोली खेला चाँद?

मै गुमसुम-सा सोच रहा हूँ - कैसा दिखता होगा चाँद?

माँ , तुम बहुत बुरी हो

माँ ! तुम बहुत बुरी हो,

अपनी सबसे प्यारी चीज़ बिना कुछ सोचे-समझे दे देती हो -

कभी कूड़ा फेंकने वाली को तो कभी बर्तन धुलने वाली को ,

मुझे याद है तेरा बेटा उस दिन कितना चिल्लाया था तुम पर,

ढूंढ-ढूंढ कर जब वो हरी कमीज नहीं पाया था, और तुमने बोला –

वो तो बेटा रिक्शे वाले के पीठ पर कपड़े नही थे तो......

बस माँ ! आप चुप रहिये, इतना कह कर गुस्साते हुए बाहर

निकल गया था वो, सच मे ! माँ तुम बहुत बुरी हो,

जिस साड़ी को हमेशा कहती थी – तेरे मामा ने दी थी जब गयी थी,

आज उसे भी तुमने घर बुहारने वाली को दे दी थी, सच बताऊं -

माँ तो 'माँ' ही होती है, किसी का भी दुख-दर्द सह नही पाती है,

कोई असहाय हो, तो दौड़ पड़ती है जितनी ताकत है भीतर सब झोंक देती है

लेकिन भले ही सब यादें अब धुंधली हो गयी हों, एक ही बिस्तर पर -

जब तुम, पापा और बीच मे मैं लेटा था जब बिल्कुल नन्हा-सा था

पेशाब से मेरे बिस्तर गीला हो गया था, तुमने ज्यों का त्यों ही मुझे

सीने से चिपकाए रखा था , अपनी शॉल जो ठंड मे ओढ़कर लेटी थी,

उसे पापा की ओर बिछा दी थी, कितनी दफा तुमने पापा से लड़ाई की थी,

कि सभी के बच्चे स्कूल जाते वक्त दो रुपये मांग लेते हैं - क्या हुआ ?

जो उसने भी मांग लिया, नही है? तो मत दो लेकिन डांटना नही

और उधर – मैं, मम्मी के पीछे साड़ी का आंचल पकड़े चुपके-से

पापा को देख रहा था तिरछे-से, माँ सब कुछ तो तुमने लुटा दिया

अपने बच्चों पर - अपना प्रेम, यौवन, जिस्म, सुंदरता, ताकत, औ हंसी

हमेशा दौड़ती रही हम बच्चों के पीछे पर आज देखो जरा इन्हें !

कैसे भुला दिए हैं सब तुम्हे? सब की गई मेहनत बेकार दिख रही,

फिर भी आज तुम उतनी ही शिद्दत और प्रेम से नाती-पोतों को खिला रही

पर सांझ ढले, सूनी रात में पापा को सपनों मे पाकर कितना

पकड़-पकड़ के रो रही है, कैसे बेचैन हो करवट बदलती है,

कोई नहीं अब झाँकता है तुम्हारे घुसे हुए आंखो के गड्ढे ?

तुम्हारी बाँस से बनाई लाठी कहाँ गुम है कितने दिनों से ?

तुम्हारे घुटने के दर्द की दवाई खतम है बहुत दिनों से,

दर्द से छटपटाते हुए सबने देखा था तुम्हे – बेटे और बहुएं

" माँ जी क्या हुआ" तुम्हे कोई भी ये पूछा तक न था ?

आज कभी-कभी सच लगता है ! नाहक तुम इतना मरी थी इनके लिए

क्या मिला आज तुम्हे? बताओ कुछ दिए हो - मान, सम्मान,प्यार के दो बोल,

चलते वक्त कंधे का सहारा, वक्त से दो जून की रोटी का निवाला,

सच में ! मुझे तो अब लगता है कि -

माँ ! तुम सच में बहुत बुरी हो,

माँ ! तुम सच में बहुत बुरी हो.

रिक्शेवाला

कौन कहता है ? वो सिर्फ रिक्शा चलाता है,

वो तो पूरा का पूरा घर चलाता है ,

इक यात्रा के दौरान मैंने पूछा - "भैया कितने रुपये हुए" ?

बोला - बाबू जी, कुल पचास रुपए हुए , रिक्शा चलाते समय पीठ पर

फटे बनियान से उसका हड्डी दिख रहा था, चलाते-चलाते वो कभी

हाँफ रहा था तो कभी पैडल धीमी कर ले रहा था,

दस सवारियों को दिन भर में ढोता होगा, कैसे इतने कम रुपयों में

वो अपने बच्चों को पालता होगा, बच्चे तो उसके भी होंगे !

ज़िद करते होंगे, जब शाम में अपने घर जाता होगा

पापा कभी खिलौने, कभी टॉफ़ीयां लेकर आए होंगे?

लेकिन हाथ से जब थैला खींचकर बिटिया भागी होगी,

कोने में दुबक कर भाई से छुपकर उसकी गांठ खोली होगी ,

उसमे तो केवल लेकिन जीने भर का ही कुछ सामान पाई होगी -

एक किलो पिसान, पाव भर दाल और कुछ ही नमक का

डोरा पाई होगी, फिर हाथ पटक कर पापा की लूँगी पकड़ खूब

रोई होगी, उसके आंसू देख बाप के भी अंदर टीस उठी होगी

देखने मे बिल्कुल दुबला सा - मुरझाया हुआ, घाम मे जल-जल

चमड़ी काली हो आई थी, हर आखिरी साँस तक वो किंतु,

रोज़ लड़ रहा था, खिलौने नहीं ला पाया था प्यारी-सी बिटिया के लिए

लेकिन हर रात खटिया पर अपने पैरों के ऊपर लादकर बच्चों को

झूला तो झुलाया होगा , बिटिया की खिलखिलाहट से

वो फिर तैयार होता था अगले दिन काम पर जाने के लिए,

अपने जीने भर के कुछ सामान – पिसान और दाल के लिए,

फिर भोर मुंह-अंधारे वो रिक्शे को साफ कर चमचमाता है,

चूल्हे मे पकाई हाथ से बनी रोटियों को कपड़े मे बांधता है,

और फिर उसे वही कहीं दस की जगह , आठ और बारह

मुसाफिर मिल जाता है, पहुंचाते पहुंचाते फिर उसका

सूरज ढल जाता है, और फिर वही सब किस्सा घर मे जाकर

दोहराता है, कुछ इसी तरह वो अपनी ज़िन्दगी बिताता है,

कौन कहता है ? वो सिर्फ रिक्शा चलाता है

वो तो पूरा का पूरा घर चलाता है .

रात की रानी

इक रात की रानी बैठी थी रात रानी के नीचे, उसे देख चाँद भी शरमा के आंखे किया
नीचे ,

बालों पर कभी दिल खोल तितलियाँ मंडराएं, लबों के आसपास भौंरे झूम झूम गुंजन
गाएँ ,

एक हिरन रिझाने के लिए कुलांचे मार इठलाए, वहीं सफेद खरगोश बाँह मे जाने को
मचलाए,

गहरी रात चारों तरफ सन्नाटा पसरा हुआ था, हर कोई पाने को उसे जी जान से लगा
हुआ था,

एक तारा जान की बाज़ी लगा पैरों मे गिरता, कभी जुगनू हथेली पे बैठ अपना प्यार
जताता,

गुलमोहर खुशबू भेजने को हवाओं से ज़िद करता, कहीं टिड्डा उसके दुपट्टे पर खड़े हो
इतराता,

और वो नीली आँखों से दूर स्वप्नों मे खोई थी, हाथों पर आंसू के दो बूंद थे शायद वो रोई
थी,

सभी उसे व्यर्थ लग रहे थे जो उसे रिझा रहे थे, इस वक्त उसे अपने प्रीतम के याद रुला
रहे थे ,

मै झुरमुट के पीछे से सब चुपके से देख रहा था, जेब से रुमाल लेके उसके आंसू पोंछ
रहा था,

सहसा किसी के हाथ तेज़ी से झकझोर रहे थे, बताओ किसे ख्वाबों मे रोने से चुप करा
रहे थे?

फ़िक्र ! यहाँ किसको है भाई ?

फिक्र यहां किसको है भाई , कोई हँसे चाहे रोए कोई ,

कोई चाँद सा चमके हर दिन, या दीपक बुझ जाए कोई,

कुछ सूरज पाकर बैठे, कुछ दौड़ के पकड़े जुगनू कोई ,

कुछ रात गए को खूब हँसे, था रात उसी खूब रोया कोई,

कुछ से भीड़ लगी मिलने की, आज बाँह फैलाए तन्हा कोई,

नये वर्ष पर भोज - निमंत्रण, माँ घर में भूखी सोये कोई,

गाड़ी मोटर कहीं चार खड़ी हैं, देखो - एक पैर पर चलता कोई,

उसको गुरुर था बेटों पर, उसे आज संभाली बेटी कोई,

फिक्र यहां किसको है भाई, कोई हँसे चाहे रोए कोई.

काश , हम देख पाते !

वो पानी का राजा था, झीलें, नदियां, समंदर उसके थे,

उसकी हुकूमत थी उनपर, जाबांज सिपाही था वो

हिम्मत से डटा रहा, ढेरों इनाम उसकी झोली में थे,

वो चलता तो बहुत विनम्र होकर, देवता था प्रेम का,

उसने सिखाया था प्रेम करना - अपनों से और दूजों से

उसने अपना एक महल बनाया था प्रेम की नींव पर,

वो जिंदादिल था - प्रेम के बलबूते, उसने मुद्राएं कमाई

उसने भौतिक सुख-सुविधाओं से तर किया परिवार को,

हालांकि मुद्राएँ पहली इच्छा न थी, अधिक प्रेम न था -

उसे ढेरों मुद्राओं से, वो बैठता था आधी रातों में अकेला -

पत्थरों के समीप, उसके ढेरों सवाल थे, तमाम वेदनांए थी

उसके कुछ अंतःभाव थे जो बेबाक बोल सकता था, जो

रख सकता था अपनी बातें, जो बहा सकता था ढेरों आंसू

उसने कोशिशें की तुम्हें छूने की, उसने प्रयास किया अपने

अंतर्द्वंद का एक सिरा तुम्हें देने की, उसने मांगे तुम्हारे हाथ,

उसने लाख जतन की जीने की किन्तु – अफसोस - दुःख है,

पीड़ा है, रोष है, तुम पत्थर थे – ये उसे न मालूम था बस

उसकी कोशिश थी पत्थरों मे जान फूंकने की, जो नामुमकिन था

एक दिन ! वो बहुत ऊंचाई तक गया काफी सीढ़ियां चढ़कर,

बहुत आवाजें दी तुम्हें - उसने मांगे थे कुछ जीवित कांधे,

कुछ आंखें जो उसे भी देखे, कुछ धड़कते हुए हृदय – जो सुने,

कुछ कमीज़ के टुकड़े, जो उसके आंखों से बहे अश्रु से गीले हो सके,

किन्तु ! हम न दे सके कुछ भी, उसे अब कैद से रिहाई चाहिए थी,

जो तुमने न दी, किसी ने न दी, उसके दुःख की तहरीरें

तुमने न लिखने दी कहीं फिर उसने चुना "रिहा हो जाना"

उसने समेटे अपने आंसू, अपनी स्वयं की कमीज़ भिगोई अश्रुओं से,

मौन एकदम बढ़ता गया, और चल दिया अपना अंतिम कदम

और बन गया वो हवा का हमराह अंततः उस अंतर्द्वंद में वो जीत गया,

उसने पाई "रिहाई ", उसने तोड़े सभी "पिंजरे" अब छोड़ गया - कुछ सवाल,

कुछ आंसू, कुछ पत्थर, कुछ पानी, कुछ मुद्राएं, कुछ बातें, कुछ जानवर,

कुछ इंसान, कुछ तकलीफ भरी सांसे, अब हमे तय करना है –

उसने "खुद" रिहाई चुनी या जिम्मेदार हो " तुम ",? वो पानी का राजा था !

जिसके आंखों के समंदर लगभग सूख चुके थे, जिह्वा ने स्वीकारा नहीं –

वेदना कहना किसी से, पत्थर के लोगों पर पटके थे माथे उसने

उसके पास बचा था - अंतिम आंसू, जिसे पलकों के कोरों मे छुपाया था उसने,

काश ! हम देख पाते उसे अंतिम आंसू पोछते हुए

और बचा लेते हम पूरा का पूरा समंदर.

मैं बेकार हो गया हूँ

मैं बेकार हो गया हूँ , मुझे पूरा जला देना

मेरी आँखों मे सीमेंट भर दो और कानों मे जलता हुआ सरिया

जिह्वा को आरी से काट दो और त्वचा को नोच फेंको किसी

नुकीले-दार कीलों की मदद से, पैरों पर चला दो एक

वजनदार लोहे का यंत्र, मुझमे अह्सास नहीं बचा है अब,

आंसू सूख चुके हैं और उँगलियां स्पर्श महसूस नहीं करती है,

मेरी जिह्वा से अब निकलती नहीं किसी के लिए भी दुआ,

पैर नहीं बढ़ते है अब किसी की मदद के लिए,

मैं पूर्णत: बेकार हो गया हूं इसलिए मुझे पूरा जला देना.

मैं जी रहा हूँ स्वार्थ हेतु, भान है केवल अपने हित का,

नहीं मतलब अब औरों से, मैं कमा रहा भोग की खातिर

दीनता, लाचारी, गरीबी, मनुष्यता, शीलता, प्रेम से

अब कोई सरोकार नहीं , सब बेचकर खरीद लिया मैंने

ढेरों सुख और सुविधाएं, कभी जरूरत हो तुम्हें तो

इन्हें मत जलाना , हाँ ! मुझे रद्दी के भाव जला देना

मैं किसी के काम का नहीं रहा ! मुझे पूरा जला देना.

मैं बेकार हो गया हूँ , मुझे पूरा जला देना.

"मणिकर्णिका" – मेरे प्रेम का अंतिम चरण

बनारस की गलियों में मुझे भी घूमना पसंद था ,

मुझे भी पसंद था किसी घाट पर बैठे रहना,

बस यूँ ही गंगा की लहरों को अपलक देखते रहना,

मुझे भी पसंद था कि मैं तुम्हारे उंगलियों में अपनी

उंगलियों को घुमा फिराकर उसी मे गुंथा रहने दूँ,

लेकिन उन तमाम गलियों और घाटों मे मैने चुना - सिर्फ एक घाट !

"मणिकर्णिका",

हाँ वही – मणिकर्णिका, जिस घाट को स्वयं महादेव ने चप्पा-चप्पा छान रखा है-

माँ पार्वती के एक कर्ण कुंडल की खातिर, मैं चाहता हूं ! किसी रोज़ ग़र मैं

आऊँ उस घाट पर, तो मुझे भी छोड़ने आयें - सिर्फ वही चार लोग, तुम खोजो मुझे-

मेरी उस राख मे, जहां मेरी अस्थियां उसी राख मे बिखरी पड़ी होंगी, तुम आना !

मुझे उसी तरह ढूढ़ने, जैसे किसी रोज़ महादेव आए थे, मुझे खोजते खोजते व्याकुल

हो जाओ तुम और हाथ लगे तुम्हारे सिर्फ मेरी कुछ अधजली अस्थियां,

उसे पाते ही रो दो तुम, तड़फ उठो मेरी खातिर, तुम्हारे ये लंबे काले केश उसी राख

मे बिखरे दिखे, तुम्हारे दोनों हाथ सने हो मेरी उस राख से, तुम इतनी तेज बिलख

जाओ, दहाड़े मारकर फूट फूटकर रोओ कि तुम्हारे रुदन से कांप जाए - ये पूरा घाट

और स्वयं महादेव आ जाएँ, देखे-तुम्हारी ये दशा और पूछे - पुत्री, कौन है ये??

और तुम ! तुम मेरे नाम का पहला अक्षर कहते-कहते और जोर से फफक पड़ो,

तुम्हारे आंसुओं से भीग जाए महादेव के चरण

और नमी महसूस करते ही विचलित हो जाए

स्वयं महादेव तुम्हारे इस प्रेम को देखकर और

अपनी हथेली रख दे तुम्हारे सिर पर और कह दें –

तथास्तु !

ये कहते ही उनके - सभी राख और अधजली अस्थियों से पुनः निर्मित होने लगे

मेरा शरीर, मैं जीवित हो उठूं तुम्हारे इक नजर देखने मात्र से, मैं पुनः सांसे लेने

लगूं, अपनी आंखें खोलूं और सामने पा जाऊँ तुम्हें हूबहू उसी तरह - जैसे हम

मिले थे किसी रोज़ तुमसे पहली दफा, इसी क्षण महादेव अंतर्ध्यान हो जाएँ,

हमारे हाथों को इक दूजे के हाथों में सौंपकर सदैव के लिए,

हाँ, मुझे प्रेम है तुमसे मेरी प्रिय !

मुझे जाना है प्रेम के उस अंतिम छोर तक जहां घटित हो- मेरा प्रेम का ये अंतिम

चरण, और हम दोनों एक साथ निकले फिर "मणिकर्णिका" से बाहर इक दूजे

का हाथ थामे हुए, मैं बनारस आऊँ कभी ? तो कुछ इसी तरह आऊँ जहां तुम

मिलो मुझे युगों-युगों तक मेरा हाथ थामते हुए , हाँ ! उसके उपरांत फिर मैं

जरुर फिरुंगा उन सभी गलियों मे तुम्हारा हाथ थामे - जिन गलियों की ओर

भी तुम मुझे इंगित करोगी, मैं बैठूंगा उस घाट पर तुम्हारे कांधे पर अपने सिर

को रखे हुए - जिस घाट पर तुम्हें घंटों बैठे रहना पसंद होगा, और उसी घाट पर

तुम्हारे साथ बैठे हुए मैं निहारुंगा माँ गंगा की लहरों को –

अपलक ! अपलक ! अपलक !

उन्हें मालूम नहीं ! अब तलक

उन्हें मालूम नहीं अब तलक इसलिए उन्होंने पूछ ही लिया -

कि तुम रातों को इतनी देर तलक क्यूँ जागते रहते हो?

तो सुनो ! मेरी हमसफ़र रातों की चांदनी उनको जरा कल बतला देना कि-

मैं स्याह रातों को महसूस करता हूं, अकेलापन क्या होता है? वो काटने

कैसे दौड़ता है? उसके दौड़ाये जाने पर खुद को कैसे छिपाते हैं? तकलीफ

मे कैसे हंसते हैं? दिल दुख जाने पर चेहरे पर मुस्कान कैसे लाते हैं?

इस दुनिया में तन्हा कैसे जीते हैं? दुःख को दुःख न मानकर मैं खुश रहने

की कला सीखता हूं सिर्फ इसलिए - मैं रातों को देर तलक जागता हूँ,

मैं तुम्हें याद करता हूं, तुम्हारी हँसी को सोचता हूं, तुम्हारे लबों पर आए

उस तबस्सुम को देखता हूँ और फिर तुम्हें जीने की कोशिश करता हूँ,

तुम्हारी यादों से कैसे खुद को तरोताजा करते हैं? कैसे बातें इकट्ठा होती हैं?

उनको कब और किस तरह तुमसे बोलना है वो सीखता हूँ, कैसे याद में डूबते

हैं तुम्हारे? किस तरह गोते लगाते हैं? फिर वापस निकल कर आने के तमाम

गुर सीखता रहता हूँ सिर्फ इसलिए मैं रातों को देर तलक जागता हूँ,

देखो मैं तमाम काम करता हूँ -

मैं यूँ ही नहीं ! इतनी देर तलक

रातों को जागता हूँ.

मुझे प्रेम मत किया करो

मुझे करना पड़ता है इंतज़ार तुम्हारा - चांद के निकलते वक्त से लेकर
सूरज की लालिमा तक, किन्तु कभी आती नहीं तुम, और मैं रह जाता हूँ
नितांत अकेला ! ये चांद की शीतलता बदन जलाती है मेरा और सूरज का
ताप बांट लेता है तुम्हारी ढेरों यादे मुझे तमाम कामों मे उलझा कर हर
रोज, हमेशा कहती हो तुम कि - मैं आज आंऊंगी, अच्छा ! कल आउंगी ,
किन्तु ! नहीं आती हो कभी तुम, सुनो ! तुम मुझसे वादा मत किया करो
मुझे प्रेम मत किया करो .

याद आती है तुम्हारी वो सब बिसरी यादें जो किसी रोज़ हमने गुजारे थे
तुम्हारे संग, मुझे अकेला पाकर - वो कर जाती है मेरा सीना लहू-लुहान
बहुत सम्भालता हूँ खुद को कि उन यादो से कहूं - जब वो नहीं आते हैं
आखिर तुम क्यूँ चले आते हो ? काश, मैं ये कर पाता ! अच्छा सुनो जरा-
तुम्हीं मेरी कुछ मदद कर दो, बस तुम मुझे याद मत किया करो,
मुझे प्रेम मत किया करो .

मेरा दिन गुज़रता है मशीनों के बीच में, उलझा रहता हूँ मैं उन्हीं के बीच,
कुछ क्षण पाते ही खोलकर बैठ जाता हूँ - तुम्हारी वही तस्वीर, जो
समुद्री नीले रंग के सूट मे पहने बैठी थी, उसी तस्वीर को निहारते-निहारते
मैं कब डूब जाता हूँ? नहीं मालूम, किन्तु नहीं आती तुम बचाने मुझे
कभी भी, सुनो जरा ! तुम मुझसे तस्वीरें न साझा किया करो,

मुझे प्रेम मत किया करो .

मैं दूर वीराँ मरुस्थल मे, तपती जेठ की लू में, काले डामर की

सड़कों पर, इस शोर-शराबे की भीड़ में भटक रहा हूँ बस अकेला,

ज़िन्दगी के थपेड़ों से सबक ले नही पाता हूँ, उसी में कूद जाता हूँ

तुम्हारी आवाज सुनने की चाहत में कई बार अपने मोबाइल को

देखता हूँ, कि कहीं तुम्हारी कोई कॉल मैंने मिस तो नही कर दी,

और इसी इंतज़ार में एक-एक दिन गुजरा जाता है मेरा, सुनो !

मैं नाराज हूँ तुमसे अब ! मुझे तुम कॉल मत किया करो,

मुझे प्रेम मत किया करो .

प्रणय से पूर्व – "प्रेम निवेदन"

मैं स्वीकार करता हूँ कि मुझे तुमसे अगाध प्रेम है,

मैं चाहता हूँ ये बचा रहे - जो निर्बाध प्रेम है,

किन्तु मुझे लेने है कुछ वचन - प्रणय से पूर्व

बताओ प्रिये - ग़र स्वीकार है तुम्हें ?

मैं रहूँगा इस पार नदी के - तुम रहना उसपार प्रिये, कभी-कभी हम मिल लेंगे

आपस में बातें कर लेंगे, हम संग-संग भी चल लेंगे ग़र मिले कभी यूँ राहों में

या नौका प्रीत विहारों में, हम थोड़ी दूर टहल लेंगे, किन्तु न घर में आना तुम

जब तक न दूँ - नेह निमंत्रण, न आऊंगा मैं तेरे घर ग़र कभी दिया तुमने आमंत्रण

ताकि ये प्रेम फले फूले नितदिन नई उमंगों से, बीच हमारे नदी रहे ये - इक आशा

इससे जुड़ी रहे, मन व्याकुल हो आए मिलनो को, तन धधक उठे छू लेने को

न तुम कोई व्यवधान करोगी, न मैं कोई अपमान करूँगा, आकाश हमारा बना

रहेगा, स्वच्छन्द हमारा मन होगा, इतनी दूरी बस बनी रहे, कोई मजबूरी बची रहे,

जब मन हो मिलने को आ जाना किन्तु मात्र बुलाने से मत आना, जब मन मेरा हो

तब ही आऊँ, तुम लाख पुकारो मुझे प्रिये - जब ईच्छा हो मेरी, तब ही आऊँ

ये दूरी आपस की बहुत जरुरी, थोड़ी नजदीकी भी बहुत जरुरी, न बहुत पास

न बहुत दूर हों हम, कितने भी थक कर चूर हों हम, न आयेंगे उस वक्त कभी

दोनों प्यासे हो उस वक्त तभी, दरअसल मैं चाह रहा हूँ ये - प्रेम हमारा बना रहे

न प्रेम विनाश हमारा हो. तो बोलो - क्या है मंज़ूर तुम्हें?

तुम रह पाओगी उस पार नदी के, मैं रह लूँगा इस पार नदी के

और देख-देख कर दूर यहीं से, मैं मन की प्यास बुझा लूँगा

खुद को सब समझा लूँगा, मैं नहीं चाहता प्रेम क्षणिक हो

रहना मेरे साथ अधिक हो, थोड़ी मर्यादा, थोड़ा संयम

थोड़ी व्याकुलता बनी रहे, मन में आकुलता बची रहे ,

ग़र है मंज़ूर तो बोलो तुम ?

इंतज़ार कर रहा बोलो तुम ?

है प्रणय निवेदन, स्वीकार मुझे ,

प्रिय, तुमसे है बेहद प्यार मुझे,

नोट :- इस कविता का सृजन महान कवि, लेखक, उपन्यासकार - रवीन्द्र नाथ टैगोर जी के एक उपन्यास के नायक और नायिका के बीच के संवाद पर आधारित है जिसमे नायिका, नायक से कहती है - मुझे तुम्हारा प्रणय निवेदन स्वीकार है ग़र तुम झील के उस पार रहने को राज़ी होते हो और मैं झील के इस पार रहूँगी।

कब तक आखिर ? सृष्टि आंख-मूंद कर देखे !

कट जाने के डर से गाय बेचारी कब तक भागे, साँप बेचारा बिल के बाहर कहां तक भागे, जो कछुए किसी ज़माने में थे पूजे जाते, वो डंडे पर अब सेंक - सेंक कर खाए जाते, चील कबूतरों को देखे अब तो अरसा बीता, चमगादड़ों का मानव अब तो सूप है पीता, किसी काल जिनमें अशुभ का रूप था दिखता भोजन बनने से जीव-जंतु कोई न बच पाया, इंसानो द्वारा किए कर्म का दंड है आया, दरवाजे पर कुत्ता कब तक डंडा खाए, घर के आँगन मे गौरैया तिनके कैसे लाए, बिल मे चींटी के रक्खे चीनी अब कौन भला, किसे है फुर्सत इन बातों पर गौर करे - अपनी झोली अपना ही घर बस ध्यान करे, धीरे-धीरे इंसानी लक्षण पशुओं में खिसकी, हम इंसानो की नई जाति ये कहाँ से पनपी?

तनिक न लज्ज़ा, रत्ती भर न प्यार बचा अब, हाथ जोड़ अभिवादन करना भूल गए हम, घर के बूढे-बड़ों का कहना टाल दिए हम, स्त्री की गरिमा नोच-नोच कर तार किए हम, इन सब बातों पर सृष्टि अपनी ध्यान धरे थी, ये विपदा सालों से द्वार पर मौन खड़ी थी, कितने सालों में जीवों की आवाज़ सुनी है - मोर, पपीहे, कोयल-कौवों की हंसी सुनी है, इसका आशय तुम सब खुद ही समझो, बहुत पढ़ा विज्ञान तनिक अब धर्म को समझो, लो खोल दिए- अब उसने अपनी दोनों आँखें, कब तक आखिर ??? सृष्टि आंख मूंद कर झाँके,

नोट :- इस रचना का सृजन साल 2020-2022 में आये हुए कोविड संक्रमण काल के दौरान हुआ था .

क्या - क्या नहीं गुज़रा है ?

क्या क्या नही गुजरा है आँखों के सामने ,

हालात क्या थे क्या हुए आँखों के सामने,

वक़्त की निशानियाँ पीछा छोड़ती नहीं मेरा,

इक वो था ! जो निकल गया आँखों के सामने,

कितनों ने सर के ताज़ को खुद ही नहीं पहना,

कुछ के सिर का ताज छिना आँखों के सामने,

हम बड़े हुए हैं , जिन-जिन पेड़ों की छांव में

कुछ सूखे हैं कुछ काटे गए आँखों के सामने

जिन दोस्तों के साथ हमने खेले थे कन्चे गाँव में,

कुछ दोस्त थे जो गुजर गए आँखों के सामने,

अब तू पहले जैसा नहीं लगता

वैसा तो अब कुछ भी नहीं लगता, अब तू पहले जैसा नहीं लगता,

आँखे मसल कर तू उठता तो है, पर तू सोया हुआ नहीं लगता,

जिसे तू बस देखता रहता है, तू उसे पाया हुआ नहीं लगता,

शिक़स्त पाया है तुमने खुद से, पर तू हारा हुआ नहीं लगता,

लम्हें जो बीते थे तू भूल जा, उसे तू भूला हुआ नहीं लगता,

सीना क्यूँ दर्द में है तेरा अब, अब से तू बस प्यारा नहीं लगता,

आँखें पथरा के पूरी सफेद हुई, सालों से तू सोया नहीं लगता,

क्या किया तुमने शक्ल-सूरत का, अब तू इस शहर का नहीं लगता,

मैं कहाँ हूँ ? मैं कौन हूँ ?

मै कहां हूँ? मै कौन हूँ? इस शोर में भी मौन हूँ,

ये कौन-सा है चौराहा? ये कौन-सा है चौबारा,

चारों तरफ बस अंधेरा, कब दिखेगा वो सवेरा,

वो प्रीत है छूटती नहीं, वो मीत है भूलती नहीं,

हाथों को छोड़ा गुम गए, आँखें मोड़ी सो थम गए,

दूर तो आ गया बहुत, धुंध है छा गया बहुत,

कोहरों ने मुझे बाँध रखा, कैसे जकड़कर थाम रखा,

वो रोशनी दिखाओ जरा, वो रास्ता बताओ जरा,

कैसे यहाँ मै आ गया? मै क्यूँ यहाँ पर आ गया?

अब कोई युक्ति बता दो? या कोई मुक्ति बता दो ?

मै चल नहीं अब पा रहा हूँ, मै देख नहीं अब पा रहा हूँ,

अंगुलियों को थाम लो न, रस्ते पर वापस मोड़ दो न,

हाथों को सिर पर फेरो न, इक बार फिर से घेरो न,

यकीं है वैसे मिल जाऊँगा, फिर से वैसे खिल जाऊँगा,

शापित प्रेम ☼ (काव्य-श्रृंखला)

" यह काल्पनिक काव्य श्रृंखला एक ऐसे प्रेम के बारे में है जो हर जन्म में अपनी नायिका को ढूंढ़ते हुए उस तक पहुँचता है और उसे याद दिलाने कि कोशिश करता है कि पूर्व के कई जन्मों से वह उसे ही ढूढ़ रहा है क्यूंकि उसे प्रेम है, किन्तु वो उसे हासिल नहीं करना चाहता है क्यूंकि उसका मानना है कि वह शापित है, और ये शाप - उसे तमाम जन्मों तक उसे, उसकी प्रेमिका से नहीं मिलने देगा, उसे ये नायिका तभी हासिल होगी - जब वो प्रेम में शून्य कि अवस्था को प्राप्त होकर महादेव जैसा हो जाये और इस भौतिक दुनिया की सभी वासनाओं से मुक्ति पा जाये | "

प्रेम

मैं चाहता हूँ ! प्रेम के ऐसे रूप को पनपते हुए देखना

जो अनवरत हो, निष्कपट हो, निश्छल हो, ईमान हो

जो किसी दायरे में न सिमट कर रह जाए,

जिसे महसूस किया जाए, जिसे देख लिया जाए

जिसकी खुशबू से हमारी आत्मा सुगंधित हो जाए

जो ताउम्र हमे निखारता रहे, जीवन में हर कदम पर

उसकी अनुभूति हो हमें, हमारी सभी कि सभी विद्याएं

उसके आगे धरी रह जाए और हम शून्यता को प्राप्त होकर शिव हो जाएं,

किन्तु उसे पाने की चेष्टा हममें खत्म हो जाए,

क्यूंकि आज इस युग में प्रेम मात्र हासिल करने तक के

सफर का नाम बनकर रह गया है इसलिए

हम चाहते हैं कि कम से कम प्रेमिकाएं सुरक्षित रहे,

उनकी मुस्कान बची रहे, हमेशा खिलखिलाती रहें,

और प्रेम को इस ब्रम्हांड में जीवित करके रखें,

ताकि प्रेम से किसी का ईमान न जाए,

प्रेमी में वो प्रेम की भावना बची रह जाए

जिसे खोकर भी हम जीत जाएँ

और हमारा प्रेम अमरत्व को प्राप्त हो जाए,

क्यूंकि हम सभी जानते हैं कि प्रेम मात्र पाने का नाम नही रहा है,

प्रेम सदैव वियोग में ही जीवित रहा है यदि प्रेम सच्चा रहा है,

प्रेम की प्राप्ति से ही हम प्रेम को खोना शुरु कर देते हैं और

अंततः हम प्रेम से बहुत दूर चले जाते हैं, यदि प्रेम की प्राप्ति

हो भी तो मेरा मानना है - मात्र क्षणिक होनी चाहिए,

जब तलक की हम प्रेम में शून्य होकर शिव न हो जाए

और यदि प्रेम के सुख की अनुभूति सदैव अलगाव में ही मिली है

इसलिए भी हम चाहते हैं किसी भी सच्चे प्रेमी को उनकी प्रेमिकाएं

उन्हें कभी भी न मिले कम से कम अपने भौतिक रूप में

उन्हें कई जन्म लेने पड़ें, उनकी विरह में खुद को खपाना पड़े

तपाना पड़े , उस प्रेम की खातिर उन्हें हर जन्म में कुंदन बनना पड़े

ताकि उनका प्रेम कई-कई जन्मों तक इक-दूजे को करीब तो लाये

किन्तु हर जन्म में कोई भी इक दूजे को न पा सके और

ये तड़फ, विरह, पीड़ा, दुःख, दर्द उस प्रेम को जीवित करके रखें

ताकि उन्हें हर-एक ब्रम्हांड में मिलता रहे

अपने प्रेमी और प्रेमिका का अनवरत साथ

वो भी कई-कई युगों तक, जब तलक

कि हम प्रेम मे शून्य होकर शिव न हो जाएं

हाँ ! ये सच है कि मैं प्रेम के ऐसे रूप को

पनपने हुए देखना चाहता हूँ .

शापित प्रेम

शापित प्रेम मेरा जागृत हो रहा है, महसूस हो रहा है मुझे,

मोक्ष का द्वार मेरे लिए खुल रहा है,

मन करता है ! कि तुम्हें आँखों में छुपाकर मैं अनन्त काल के लिए

चिर निद्रा में सो जाऊँ और जब सोकर उठूँ - तुम्हें हथेली में भरके

अपने होंठो से आचमन करूँ हूबहू गंगा जल की तरह, मेरी निद्रा टूटे

फिर तुम्हें प्रेम करके शाप से मुक्त हो जाऊँ और तुमसे किया हुआ

सारा प्रेम तुम्हें वापस सौंपकर दोबारा उसी चिर निद्रा में सो जाऊँ

फिर अनन्तकाल तक मैं कहीं खो जाऊँ.

मन करता है ! कि तुम्हें भस्म बनाकर अपने माथे पर एक त्रिपुण्ड

बनाऊँ और शिव मंत्र से खुद में एक प्राण-प्रतिष्ठा करा कर इस

पत्थर की देंह में जान ले आऊँ फिर ता-उम्र तुम्हारा मैं ऋणी बन

जाऊँ, और खपा दूँ खुदको कि मैं तुम्हें पा जाऊँ पुनः वही - अपने पूरे

जीवन का प्रेम तुम्हें सौंपकर हमेशा के लिए पत्थर की देंह ले लूँ और

फिर अनन्तकाल तक कहीं खो जाऊँ,

किन्तु ! वाकई में , मैं शापित ही हूँ और यही मेरी नियति है

जो मुझे मोक्ष के द्वार पर लाकर पुनः शापित बना देते हैं

मुझे महसूस होता है - कि मैं निरंतर इसी काल चक्र में फिरता रह

जाऊँगा, किन्ही आकाशगंगाओं में दर बदर भटकता रह जाऊँगा.

हमें यह पसंद है !

हमे पसंद है ! बहुत दूर जाना - समंदर के उस पार,
जहां नीले आकाश और नीले समंदर एक दूसरे की
बाँह में जाने को मचलते है, हमे जाना है उस कश्ती
के साथ बहते हुए जिसपर कोई मल्लाह न बैठा हो
हम बस चलते जाए, हवा के संग-संग बहते जाएँ,
हमे जाना है पहाड़ों के उस पार जहाँ मनुष्यों की
आबादी बस शून्य हो और वहाँ सिर्फ उगते हों -
सूरजमुखी के ढेर सारे फूल, हमें जाना है चील के
पंखों पर बैठ कर उस दुनिया में - जहाँ से ये दुनिया
केवल सफेद रंगों की चादर लपेटे हुए, माथे पर
लाल बिंदी और उसके खुले केश, जो हवाओं के
चलने पर मेरे पानी के बुलबुले जैसे शरीर को लपेट
ले और भिगो दे मेरे शापित प्रेम को और मैं शाप से
मुक्त हो जाऊं, तुम्हे पा जाऊं, और ले चलूँ ब्रम्हांड कि
उन गलियों में जहाँ से इस प्रेम का उद्गम हुआ था और
फिर उसी ब्रम्हांड में मैं अनन्तकाल तक कहीं खो जाऊं.

हम यह भी चाहते हैं !

हम यह भी चाहते हैं ! कि जब प्रेम करूँ तो नदियाँ शांत
हो जाए, सूरज डूब जाए, हवा शून्य हो जाए और
मौसम भीग जाए, पेड़ों के तने आपस में लिपटते
हुए दिखाई दें, ज़मीन मुलायम हो जाए, साँसे मध्यम हो,
सिर्फ बचे तो केवल वही गिनती की बस दो-चार चीजें,
जैसे – चाँद की शीतलता, चराग में हल्की रोशनी,
रेशमी बिस्तर में सिकुड़न, हमारे होंठो की चिपचिपाहट
न तुम बचो, न मैं बचूं - रह जाए दोनों को मिलाकर एक
और ये रात हमारी मुट्ठी में हो जाये क़ैद, फिर ? फिर
जब तलक हम थक कर चूर न हो जाए, गले की प्यास
बढ़ न जाए, पैरों में चलने की ताकत न बचे फिर तुम्हें
गोद में उठाकर, मुझे ले जाना पड़े उन्हीं झरनों के पास
जहां हम खुद को तरोताज़ा कर जी उठें और कमंडल मे रखी
गंगा की चार बूँदों से हम गले की प्यास बुझा सकें और हमे
जीवन-दान में मिल जाये एक दिन का और ये साथ तुम्हारा,
जो हमे शाप से मुक्ति दिलाए और हम ता-उम्र एक दूसरे के
साथ रह सकें, लेकिन चाहने भर से क्या होता है भला ?
मेरे चाहने से क्या किसी शाप से मुक्ति मिली है भला ?

मेरी शहज़ादी

तुम्हें देखने के बाद दिल ठहर-सा गया है, बहता दरिया जम सा गया है, उस दरिया की जमी बर्फ पर तुम्हारे मुलायम पैरों की दस्तक, जैसे इस जमे दरिया को फिर से रवानी देने आई हो, ठहरे-ख्वाबों को इक मुकम्मल आस देने आई हो, तुम्हारे पायल की खनक इस खामोशी को आज़ाद करेगी, जन्म जन्मांतर से मेरे सिर पर लगे शाप को आबाद करेगी, तुम्हारे गेसुओं से छनती धूप से मेरे आँखों को रोशनी मिलेगी, तुम्हारी उंगलियों से टपक कर गिरती बूँदों से मुझे ज़िंदगी मिलेगी, तुम्हारी इनायत से मैं साँसे लूँगा और झट से उठकर तुम्हें बाँह मे भर लूँगा, और ले चलूँगा – वहाँ, जहां दरिया मे बहाव हो, हवाओं मे खुशबुएँ घुलीं हों, ज़मीं से फूल खिलें हों, परिंदे शाम मे अपने बच्चों से मिलें हों, गोधुली के बाद – चाँद सिराहने आए, काँधे पर गेसुओं को फैलाकर मेरी रूह को खुशबुओं से लबालब कर दे और मेरी जान को हथेली मे लेकर साँसों की फूंक से गर्माहट दे दे और अपने दिल में समा- कर मिला ले अपनी रूह से और ता-उम्र घुली रहे ये रूह हमारी इक दूजे मे, ये खूबसूरत वादियां, ये दरिया, ये हवा, - सब गवाह रहे हमारे मिलन के जो किस्से सुनाएँ राहगीरों को कि इक शहज़ादी ने उस नाचीज़ को बांहों के दरम्यान मे भर लिया था और उसकी हसरत से वाकिफ़ होकर उसे अपना दिल सौंप दिया था, मेरी शहजादी !

मेरी शहज़ादी ! मैं लौट आया हूँ ,

मेरी शहज़ादी ! देखो, मैं लौट आया हूँ,

तुम कहाँ हो?? कितनी सुबह गुजर गई है, दोपहर थका देती है अब मुझे

रात की चाँदनी काटने दौड़ती है, मैं टूट रहा हूँ तुम्हारे इंतज़ार मे, कहाँ हो?

मेरी शहज़ादी ! मेरे आँखों में रोशनी आने से , होंठो में नमी बसने से, फेफड़े

हवा भरने से, और हाथों की उँगलियां स्पर्श करने से - ये सब इन्कार कर रहे है

अब मेरा साथ देने से, सब तारे रातों मे आकर अब कोसते है मुझे, इधर कुछ

दिनों से चाँद भी गालियां देने लगा है मुझे, रोशनी घर मे नही आती है अब

किन्तु मुझे जीना है अभी ! ये सब मिलकर मेरी हत्या करने पर तुले है,

मेरी शहज़ादी ! इन सभी का आरोप है मुझपर कि तुम जी कैसे रहे हो?

बगैर अपने शहज़ादी के !

तुम अब आ भी जाओ ! नहीं तो सच में किसी रोज़ ये सब मिलकर मेरी

जान ले लेंगे और बाद मे मुझे यही लिखा जाएगा कि मैंने आत्महत्या की है.

मेरी शहज़ादी ! मुझे शाप से मुक्त कर दो अपने आलिंगन मे लेकर और

मुझे जीवनदान दे दो ! मुझे जीना है उन हवाओं में जिन हवाओं मे सिर्फ

तुम्हारी खुशबू घुली रहती है , मुझे देखना है तुम्हें - जिसे जन्मों से तलाश

रहा हूँ मैं , मेरी शहज़ादी ! अब वापस आ जाओ, नहीं तो सच में !

ये सब किसी रोज मेरी हत्या कर देंगे तुम्हारे मिलने से ही पूर्व !

मेरी शहज़ादी ! देखो मैं लौट आया हूँ .

मल्लिका-ए-हुस्न

मैं इंतज़ार कर रहा हूँ - तुम्हारे आने का,

अपनी साँसों को सहेज, आँखों की रोशनी बचाए, मुट्ठी भर हैं ख्वाब मेरे

मिलने की इक उम्मीद जो मुझमे जान फूंकती जा रही है और ये पल,

पल से पहर और पहर से दिन और दिन से फिर महीनों मे तब्दील हुए हैं,

मेरी मल्लिका-ए-हुस्न ! तुम्हें तो मालूम ही है, मेरे ख़्वाबों की दुनिया

इतनी छोटी है जिसमें बस तुम केवल तुम हो और हमे इक दूजे से

मिलाने के लिए कुछ ही चीज़ें है जो तुम्हारा ऋण चुकाने के लिए कितने

सालों से इंतज़ार कर रहे हैं, एक वो पत्थर है जिसको तुमने छूकर

पूज्यनीय बना दिया था, और वो एक छोटा-सा पेड़, जिसके नीचे एक पहर

बिताने मात्र से वो तुम्हारा कर्जदार बन बैठा था, हालांकि वो अब

बहुत छतनार हो चुका है, वो पहाड़ी जिसपर तुमने अपने कदम रखे थे,

वो आज तलक उन पद चिन्हों को सम्भाल कर रखा है, वो ऊँची-ऊँची दीवारों

वाले घर की खिड़कियाँ, जिसमें तुमने सफेद पर्दे लगवाए थे वो उन हवा के

झोंकों को आज भी उसी दहलीज़ पर रोक देता है क्यूंकि तुम्हारी दस्तक के बिना

उस घर मे किसी को जाने की इज़ाज़त नहीं मिली है, तुम्हें यकीन नहीं होगा

किन्तु ये सच है ! तुम्हारे बगैर मुझे भी उस उस घर मे जाने की इज़ाज़त नहीं

मिली है, मेरी मल्लिका-ए-हुस्न ! मेरे कमंडल में रखी गंगा की उन चार बूँदों

को छिड़ककर अब उस दहलीज पर आ जाओ, जहां मेरे कदम अभी भी ठिठक

कर रुके हुए हैं, मुझे मेरे शाप से मुक्त कर दो, अपने आगोश मे लेकर

मुझे ले चलो, और खिड़कियों को खोल दो अब, हवाओं को आने की

अनुमति दे दो, अब झरनों, पहाड़ियों, पेड़ों और मखमली घासों को ऋण

मुक्त कर दो और मुझे मेरे जीवन की गति दे दो और बहा ले चलो मुझे

दूर, बहुत दूर जहाँ पर हमारी दुनिया हो, और उस जहां की सिर्फ तुम

मल्लिका-ए-नीर हो, मैं शाप से मुक्त होकर तुम्हें जी भर एक गहरे आलिंगन

मे समा लूं और ता-उम्र फिर तुम्हारा हो जाऊँ, फिर अपनी क्यारी मे रंग-बिरंगे

फूल लगा कर अपना पूर्ण जीवन तुम्हें समर्पित कर दूँ और फिर मैं तुममे घुल जाऊँ.

ताकि उधर से गुजरने वाले राहगीरों को आने वाली

पीढ़ियां ये किस्सा सुना सकें कि - इक नाचीज़ ने

उस जहां की मल्लिका-ए-हुस्न को पाने के लिए कितने

वर्षों तक कमंडल की उन चार बूँदों के सहारे जिया और

मिलने पर ? मिलने पर उसी के बाँह मे दम तोड़ दिया,

मेरी मल्लिका-ए-हुस्न ! मैं इंतजार कर रहा हूँ तुम्हारा !

मल्लिका-ए-हुस्न - मैं लौट आया हूं !

मेरी मल्लिका-ए-हुस्न ! मैंने कहा था न कि –

मैं लौट कर जरुर आऊँगा, हूबहू वैसे मिलूँगा,

वही अह्सास तुम्हारे अब तलक जमा कर रखे

हैं अपनी उस क्यारी मे तुम्हारे स्वागत के लिए

रोज़ो-शब उन्हें सींचा है, बहुत नाज़ों से पाला है,

ताकि हमारे मिलन के वक्त तक इनमे खिला सकूं

- वही गुलमोहर के फूल,

जो तुम्हें पसंद थे, दोबारा हम फिर से निकलेंगे उन्हीं पहाडियों पर

जिनपर उगे थे रंग-बिरंगे फूल, हरी-हरी मखमली घास और पास मे था

झरना और उसी के पास था अपना आशियाना, जहाँ पर हमने गुज़ारे थे

अपने सबसे हसीन पल, वो ऊँची-ऊँची दीवारों के साथ बना वो घर

जिनकी खिड़कियाँ बहुत हवादार थी और सफ़ेद पर्दें लगे हुए थे ?

अब याद आया न? लो लौट आया हूँ, उन्हीं पहाड़ों

पर अपने उसी कमंडल के साथ, जिनमे गंगा-जल

की कुछ बूँदों के साथ हमने अल्प-विराम लिया था,

ताकि हम कुछ सालों तक और जी सकें, अपने ऊपर

लगे शाप से मुक्त हो सके और तुम्हें पा सके हर

जन्म - जन्मांतर तक , मेरी मल्लिका-ए-हुस्न !

रानी साहिबा

मेरी रानी साहिबा, कभी महलों से निकल कर आओ उन पहाड़ों में,

जो गीत गाते है अक्सर तुम्हारे ही ख्यालों मे और जिस रात्रि में तुम

अपने कदम महल से बाहर निकालोगी - महलों के सभी सिपाही

उस रात्रि बहुत गहरी निद्रा में होंगे, हाँ ! सिर्फ एक निवेदन है ! जब

आना तो पैरों मे कुछ पहनना नहीं, खून पैरों से ग़र बहने लगे किन्तु

तुम डरना नहीं क्यूंकि तुम्हारे पैरों से ये टपकती लहू की बूँदें बनायेंगी

इक पग-डण्डियाँ और ये स्याह रात्रि बचाएगी तुम्हारे महल के उस

पद, मान और सम्मान को, आकाश के सभी नक्षत्र सूचित करेंगे

तुम्हें और बतायेंगे वो मार्ग जहां मेरी

रुह ! इक पेड़ पर टंगी होगी और

ठीक उसी के नीचे वहीं पड़ा होगा –

मेरा शापित अस्थि पंजर, जिसे वर्षों

पूर्व किन्ही गिद्ध, सियारों, चील और

कौवों ने तृप्त कर लिया होगा खुद को

मेरे उस शापित शरीर से, तो सुनो !

मेरी रानी साहिबा, वो तुम्ही हो, हाँ !

वो तुम्हीं हो जो मेरा उद्धार कर सकती हो, तुम्हें बस आना है मुझ तक

और अपने उस लहूलुहान पैरों से मेरी सभी अस्थियों को एक-एक करके

छूना है, तुम्हारे छूने मात्र से ही मेरी सभी अस्थियां धीरे-धीरे राख बनना

शुरु हो जाएगी, इधर तुम्हारे पैरों के ज़ख्म भरेंगे और उधर वो राख हवाओं -

मे किसी रेतीले तूफ़ाँ जैसे उड़ेंगे, उधर रुह मेरी उस डाली से उतरकर

तुम्हारे पैर चूमेगी, तुम्हें सुरक्षित तुम्हारे महल तक पहुंचाएगी , ब्रम्हांड

के सभी तारे तुम्हें दुआएँ देंगे, सिपाही पुनः नींद से जागेंगे, सवेरा फिर

अपनी आँखें खोलेगा किन्तु उस सुबह उन पहाड़ों पर अब ढेर सारे फूल

खिलेंगे, पेड़ों पर नए-नए कोंपले दिखेंगे, हवाओं में खुशबू घुली होगी

मालूम है तुम्हे - क्यूँ मेरी रानी साहिबा ?

क्यूंकि मेरे शापित प्रेम के जागने का पुनः

समय शुरु होगा, जल्द-ही मैं फिर जन्म

लूँगा किसी देंह के अंदर बस मेरा इंतजार

करना - रानी साहिबा ! मैं जरुर आऊँगा

किन्तु तुम्हें इसबार महल त्यागना होगा,

बस - मेरा इंतज़ार करना रानी साहिबा !

मैं जल्द लौटकर आऊँगा रानी साहिबा !

रानी साहिबा - मैं लौट आया हूं

मेरी रानी साहिबा ! मैं पुनः वापस लौट आया हूँ

जैसा मैंने वायदा किया था तुमसे कि जल्द ही

किसी देंह मे पुनः जन्म लूँगा,

किन्तु मुझे महसूस हो रहा है, मैं पुनः शापित प्रेम के साथ ही जन्मा हूँ,

मैं तुम्हारे प्रेम मे हूँ यकीनन किन्तु पुनः मुझे तुमसे ये दूर ही कर देगा,

मुझे नहीं आता है वैसा प्रेम करना जो तुम्हें बाँध कर रख सके और

ये भी सच है कि हम दोनों ही नहीं चाहते हैं कि इक दूजे को कभी पा

सकें, और यही हमारे प्रेम की पहचान बनेगी जो हमे जन्म जन्मांतर तक

इक दूजे को साथ रखेगी तो, सुनो मेरी रानी साहिबा ! शायद, तुम्हें कुछ याद

नहीं है कि तुमने कितने रूप धरे हैं मुझे शाप से मुक्त कराने के लिए,

ब्रम्हांड की सभी गलियों को तुमने मेरी खोज मे चप्पा-चप्पा रौंद रखा है

तुम्हारे पद चाप से मैं तड़फ कर जाग उठता था जब तुम मुझे ढूँढने मेरी सभी

निशानियों को साथ लेकर ब्रम्हांड की उन गलियों से गुजरा करती थी, जब

सभी ग्रह, नक्षत्र, तारे सितारे अर्ध निद्रा मे होते थे - मैं इंतजार करता था

कि तुम जरुर आओगी इक दिन और मुझे अपने प्रेम मे पुनःसरोबार कर

मेरा उद्धार कर दोगी - कभी तुम मेरी मेरी शहज़ादी, तो कभी मेरी

मल्लिका-ए-हुस्न और अब देखो ! जैसे मेरी रानी साहिबा बनकर आ गई हो,

तो सुनो मेरी रानी साहिबा,

वो तुम्हीं हो, हाँ तुम्हीं हो,

मुझे बस तुम्हारी स्मृतियों

को पूर्ण रूप से जगाकर,

अब शाप से मुक्त होना है,

ताकि हम फिर से निकल सकें उन्हीं पहाड़ियों पर, उसी झरने के पास

उन्ही रास्तों पर जिन रास्तों मे ढेर सारे सूरजमुखी के फूल उगा करते थे,

किन्तु इसबार तुम्हें ये महल छोड़ना होगा, मेरे साथ तुम्हें नंगे पाँव

पहाड़ों पर से गुजरते हुए अपने उसी घर में आना होगा जहाँ तुम्हारी वो

ज़िद अभी भी उन्हीं सफेद पर्दों में टंगी है जहां तुमने मेरे ऊपर कमंडल मे

रखी गंगा की कुछ बूँदों को छिड़ककर मुझे अपनी बाँह मे भर लिया था,

तो सुनो, रानी साहिबा ! मैं इंतज़ार कर रहा हूँ तुम्हारा, किन्तु ये सच है

तुम्हें महलों से निकलना होगा इसबार ग़र सच में तुम चाहती हो !

मुझे शाप से मुक्त होते हुए देखना, तो तुम्हें अपने पैर लहूलुहान भी

करने होंगे, और उन्हीं पैरों से चलकर उस झरने के पास आना होगा

जहाँ पर मैं इंतज़ार कर रहा हूँ अपने कमंडल मे बची हुई गंगा की कुछ

बूँदों के साथ अपनी अर्ध निद्रा में, जल्द आना !

मेरी रानी साहिबा !

मैं तुम्हारा इंतज़ार कर रहा हूँ.

मुक्ति - शापित प्रेम

मेरी प्रिये !

मैं जानता था, कि हम मिलेंगे जरुर, मुझे यक़ीन था अपने प्रेम पर

कि तुम मुझे शाप से मुक्त करा ही लोगी.

मैं तुम्हें पाने के लिए कई-कई जन्मों तक खुद को खोता रहा हूँ,

भू लोक से परे ब्रम्हांड की किन-किन गलियों से होकर गुजरा हूँ,

सतत् मैं तुम्हारी प्रतीक्षा में इस शापित शरीर के साथ युगों-युगों

तक जागा रहा हूँ - नींद, भूख, प्यास, सुख, दुःख, जीवन, मरण,

तुम्हें शायद मालूम नहीं है मैं किन-किन अवस्थाओं से गुजरा हूँ,

हर सभी से पूछा मैंने – देव-दानव, नर-पिशाच, गंधर्व-किन्नर और

और सभी जीवात्माओं से, इनके समक्ष मैं फूट-फूटकर रोया हूँ,

माथा पटका हूँ, गिड़गिड़ाता हुआ, अश्रु चक्षु में लिए सदियों तलक

बस तुम्हारा नाम ही लेता रहा हूँ !

मेरी प्रिये ! ये उसी का फल मिला है, हाँ मानता हूँ, शाप से मुक्ति

दिलाना न किसी के वश मे था, मैंने वो किया जो मेरे वश में था

मैं तुम्हें हर रुप मे ही चाहता हूँ, मैं तुम्हें हर जन्म से ही चाहता हूँ,

मैं तुम्हें अब नहीं खोना चाहता हूँ, मेरी मल्लिका तुम मेरी रग-रग मे

बसती आई हो, जो धमनियों मे बह रहा है, जो हृदय मे चल रहा है,

जो फेफड़े भरते है हर पल, जो मेरे मन में सदैव चल रहा है,

बस तुम्हीं हो रानी मेरी, हाँ तुम्हीं मल्लिका मेरी, अब कहो 'तुम हो-

"नीर" मेरे' जो सदैव रहते मेरे, तुम रूप कोई भी धरो, जन्म चाहे

कितने भी लो, इस जन्म से हो परे या लोक चाहे कोई हो, बस

तुम्हें ही पूजता हूँ, बस तुम्हें ही चाहता हूँ, बस तुम्हें ही माँगता हूँ,

आंखे मेरी देखे जिसे वो रूप चाहे कोई भी हो, बस तुम्हीं आती नजर

हे ब्रम्हा, विष्णु, महेश ! मैं तुम्हारे सामने अपनी प्रेयसी के संग देखो

हाथ जोड़े खड़ा हूँ, अब मुझे इस जीवन-मरण से मोक्ष दे दो,

मुक्ति दिला दो और हमारी सारी स्मृतियों को मन-मस्तिष्क से हटा दो,

अब बचा ये पूर्ण जीवन अपने प्रिये के संग रहना चाहता हूँ,

हाँ प्रिये मेरी ! शाप से मुक्त अब बस प्रेम करना चाहता हूँ,

आओ जरा पास में माथे को चूमूं, फिर गहरे आलिंगन में समा लूं

कुछ घड़ी अब नींद ले लूं, मैं बहुत अब थक चुका हूँ, मुझे आराम दो,

विश्राम कर लूं, आओ - मेरे पास आओ ! सर मेरा तुम गोद मे लो

उँगलियाँ आँखों पर फेरो, होंठ रख दो माथे पर मेरे और आलिंगन मे

ले लो फिर एक गहरी नींद ले लूं, तुम मुझे अब मिल चुकी हो,

मैं तुम्हें अब पा चुका हूँ, और हमको चाहिए क्या ?

तुम्ही हो - रानी मेरी, मल्लिका मेरी, शहज़ादी मेरी सब तुम्ही हो !

www.ingramcontent.com/pod-product-compliance
Lightning Source LLC
Chambersburg PA
CBHW021231130726
47988CB00002B/910